Madrid bombardeado

CARTOGRAFÍA DE LA DESTRUCCIÓN, 1936-1939

Enrique Bordes y Luis de Sobrón

Madrid bombardeado

Cartografía de la destrucción, 1936-1939

CÁTEDRA

1.ª edición, 2021
4.ª edición, 2025

Ilustración de cubierta: © Yeyei Gómez

PAPEL DE FIBRA
CERTIFICADA

© Enrique Bordes y Luis de Sobrón, 2021, 2025
© Del prólogo: Gutmaro Gómez Bravo
© Ediciones Cátedra (Grupo Anaya, S. A.), 2021, 2025
Valentín Beato, 21. 28037 Madrid
Depósito legal: M. 15.237-2025
I.S.B.N.: 978-84-376-4945-0
Printed in Spain

Agradecimientos

Queremos agradecer a Gunde por dejarnos empezar este libro con sus palabras, una muestra más de su siempre generosa disposición. A Juan Redondo por custodiar la historia de los bomberos de Madrid y compartirnos la memoria de esos héroes. A la desaparecida Oficina de Memoria y Derechos Humanos del Ayuntamiento de Madrid por acoger y apoyar al instante el primer gran paso de este plano. Y a Raúl García Bravo por confiar en el proyecto de esta obra y hacerlo suyo.

En noviembre de 1936
las columnas de humo
dominan el perfil de la ciudad
tras un bombardeo aéreo.
Foto Mayo, Biblioteca
Nacional de España, Madrid.

Prólogo

Los orígenes del primer bombardeo moderno sobre una gran ciudad siguen siendo confusos. Aún no se sabe con certeza cuándo se ordenó ni cómo fue planificado, solo que estaba destinado a concluir una guerra rápida que hiciera olvidar el fracaso de un golpe de Estado, precisamente allí, en su objetivo principal: Madrid. Las primeras noticias sobre las operaciones previas datan del 24 de octubre de 1936 y señalan ya un importante cambio cualitativo respecto al tipo de conflicto que se había desarrollado hasta el momento. Ese día el Cuartel General de Franco en Salamanca recibe un primer informe de conjunto sobre la población madrileña: «en Madrid faltan víveres y la gente está horas y horas en largas colas formadas, volviéndose muchas veces a sus casas sin haber obtenido alimento alguno. La población civil huye a Valencia». Su respuesta inmediata fue ordenar al general Kindelán, jefe del Ejército del Aire, que cortara las comunicaciones de Madrid con Levante «mediante una serie de voladuras diarias, procurando causar el mayor número de interrupciones en la vía en forma que sea de lenta reparación»[1].

---

[1] AGMAV, C.2514/3.

Los primeros bombardeos, los llamados «logísticos», situaban así el control de la población civil, su entrada y su salida de la ciudad, como un objetivo militar de primer orden. Solo unos días después, la tarde del 6 de noviembre, las tropas del general Varela ocupaban el Cerro de los Ángeles, un punto estratégico que daba acceso a la carretera de Andalucía pero que también permitía emitir una señal de radio que llegara a todos los rincones de Madrid. A medida que caía la noche, las ondas amenazaban a los madrileños con terribles consecuencias si no se rendían de inmediato. Al día siguiente los servicios de reconocimiento aéreo constataron que las «calles de Madrid estaban vacías». El 8, cumpliendo su amenaza, comenzaron los primeros bombardeos sobre la Casa de Campo, siguiendo por la orilla del Manzanares, hasta el puente de Segovia y la estación del Norte. A lo largo de noviembre, la aviación franquista y la Legión Cóndor alemana siguieron diariamente ese recorrido, pero adentrándose cada vez más en el centro de la ciudad. Alternando su carga mortífera con distintos tipos de material y de objetivos, fueron probando el potencial destructivo de bombas de hasta 250 kg, combinadas con otras incendiarias que podían llegar a generar temperaturas de hasta 3.000 grados en uno o varios focos a la vez.

Su punto culminante llegó el 19 de noviembre, fecha escogida para

> provocar un gran efecto moral en Madrid, centro vital del enemigo, poniendo sobre la capital un gran número de aviones a las horas de funcionamiento de las oficinas de mayor circulación en las calles. Al mismo tiempo, puede aprovecharse para batir objetivos militares importantes de la ciudad y difundir sobre ella una gran cantidad de proclamas[2].

---

[2] J. M. Moreno-Aurioles y D. García Amodía, «Los primeros bombardeos modernos sobre una gran ciudad», en G. Gómez

A pesar del incremento del castigo aéreo, la rendición rápida y de bajo coste material que perseguían se esfumaba con el paso de los días. Tras la utilización y combinación de todos los tipos de bombardeos conocidos hasta el momento, las operaciones se detuvieron. El Cuartel General ordenó su cese definitivo el 23 de noviembre, fecha en que se aprobó el cambio de estrategia: Madrid se rendiría desde dentro mediante un asedio prolongado, una guerra larga. Esto no significó, en contra de lo que suele afirmarse, el fin de los bombardeos sobre la ciudad. El cambio de táctica agrupó de nuevo los objetivos aéreos en «militares» y «logísticos», concentrando los esfuerzos en ahogar la red de suministros de la ciudad y en empeorar deliberadamente las condiciones de vida de sus habitantes. Las operaciones aéreas de los meses siguientes, como muestran los propios partes de aviación, dieron forma al cerco de una ciudad prácticamente aislada, donde nada ni nadie entraba ni salía sin ser visto desde el aire.

> 1 de diciembre de 1936: se realizaron cuatro servicios de bombardeo con incendiarias y bombas de 100 kg en la estación de Aravaca y el pueblo de Fuencarral. También se bombardeó la carretera de Pozuelo.
>
> 4 de diciembre de 1936: escuadra Cóndor realizó un servicio intenso sobre Madrid y sus alrededores. Se bombardeó Argüelles con bombas de 250 kg y bombas incendiarias además de Aravaca.
>
> 5 de diciembre de 1936. Se observan numerosos incendios en Madrid; C/ Quintana y Marqués de Urquijo; Plaza de España hacia los Bulevares [...].

Bravo (coord.), *Asedio. Historia de Madrid en la Guerra civil* (1936-1939), Madrid, Ediciones Complutense, 2018, págs. 205-231.

9 de enero de 1937: reconocimiento del Cerro del Águila, y la carretera de la Coruña hasta Torrelodones. Bombardeo de los alrededores del palacio de la Zarzuela y del este del Cerro del Águila.

El día de ayer de 17:00 a 0 horas fue bombardeado el aeródromo de Alcalá de Henares.

11 de enero 1937: de 17:00 a 04 horas del día de ayer se bombardearon el aeródromo de Alcalá, el de Guadalajara y las carreteras de Madrid-Valencia y Madrid-Guadalajara[3].

Esta es solo una aproximación a uno de los episodios más importantes pero menos conocidos de nuestra historia reciente: el bombardeo de Madrid. La falta de documentación y de fuentes primarias, muchas de ellas clasificadas o de acceso restringido, como las anteriores, hasta hace pocos años, ha mantenido el relato en un limbo difícil de sortear. La necesidad de un estudio sobre los bombardeos en Madrid y, en general, sobre la Guerra Civil que supere las visiones ideológicas y permita construir un campo científico únicamente limitado por las reglas de las ciencias sociales sigue siendo una asignatura pendiente. El caso de Madrid, desgraciadamente, es muy representativo, ya que el conocimiento aparece a menudo bloqueado en medio de la judicialización y polarización constante a las que han sido sometidas las políticas públicas de memoria en los últimos tiempos.

No es de extrañar, por tanto, que mucha gente desconozca este episodio y otros tantos sucedidos a pocos metros de donde vive o trabaja. El paso del tiempo, el mencionado problema del acceso a las fuentes y, en definitiva, la falta de apoyos y de volun-

---

[3] *Ibíd.*

tad política real para alcanzar un acuerdo en impulsar el acceso a un conocimiento del pasado contrastado con evidencias empíricas, con independencia del enfoque o punto de vista que se adopte, son solo algunas de las cuestiones que lastran esta situación.

Afortunadamente, hasta que esta realidad cambie, tenemos otros instrumentos para recordar y comprender lo que pasó. Y este libro es la mejor prueba de ello. Escrito por dos arquitectos, profesores de la Universidad Politécnica de Madrid, muestra las huellas de aquellos bombardeos en la ciudad actual. Es el resultado de una investigación laboriosa, de años, metodológicamente impecable y con ambición de continuar en el tiempo, aspectos que no son nada fáciles de conjugar. Ya en 2019 presentaron el plano de los bombardeos de Madrid, que levantó una importante expectación y consiguió trascender el ámbito académico, gracias al interés expreso puesto por sus creadores en ello. Y en esa línea de transmisión y de divulgación se enmarca la idea de su nuevo proyecto por seguir haciendo comprensible y accesible a todo el mundo cómo fueron los bombardeos de Madrid, a través de un aspecto fundamental: su visualización.

Lo han hecho enfrentándose a los problemas de fuentes comunes a todos los investigadores del tema pero, acudiendo a la documentación de bomberos, policías municipales, fotorreporteros y los propios arquitectos de la época, han llegando a rincones imposibles de imaginar hace solo dos años. El primer resultado determinante que aportan es la verificación. Es muy importante que por distintas vías se corroboren hipótesis y datos que permitan diseccionar los bombardeos que sufrió Madrid. Aspectos internos, como su ritmo, sucesión e intensidad, sus tipos o patrones, en definitiva, sirven para poder mostrar el grado de destrucción de los edificios pero también para algo más: demuestran su alto grado de planificación. Una vez mapeados estos datos sobre la base cartográfica del catastro, han procedido a su análisis y expresión gráfica mediante el dibujo de la ciudad. Esta operación también es vital, porque Madrid ha ocultado sus heridas y apenas quedan integrantes ya de la generación que fue testigo de aquellos hechos. Este trabajo visibiliza los efectos de aquella tragedia, pero también nos enseña a mirar de cara la dimensión más oscura e irracional de lo que fue un experimento con población real. Su efecto fue devastador sobre las propias conciencias de la época, hasta el punto de que, como recuerdan los autores, las crónicas sobre el bombardeo de Madrid dieron forma original al proyecto de Picasso que más tarde plasmaría en el *Guernica*. Del mismo modo, ellos plantean también un cuadro para visualizar esos «desastres modernos», pero no solo a través de un esquema o su propia reproducción cambiando el formato, sino de un estudio, una datación, una cartografía y un dibujo del impacto de la destrucción producida desde el aire.

Un proyecto que hasta el momento no se había llevado a cabo y que «no se limita a medir impactos» de forma aséptica y precisa. Incorporando los modelos de reconstrucción digital, abren el conocimiento al conjunto de la ciudadanía, no solo al académico o al erudito local, y lo ponen a disposición colectiva. Una generosidad que va ligada a su concepción del estudio y del valor social de su profesión, la arquitectura, pero también a su alma de docentes y de investigadores, que no olvidan que la primera función de los datos es la pedagógica. A pesar de todos los límites y los problemas de construir series con fuentes fragmentarias e incompletas que solo les han permitido recoger una parte de los daños, han documentado más de 2.200 edificios y espacios públicos afectados, que ocupan casi 30 hectáreas de suelo urbano. Todo ello georreferenciado, teniendo en cuenta los límites de la ciudad de 1936 y la actual, hace que afloren «las cicatrices del urbicidio» y la principal huella de ellos que ha llegado hasta nosotros, los vacíos o espacios libres que dejaron los bombas al caer. Madrid tiene ya, como otras ciudades europeas que sufrieron poco después el mismo destino, un estudio y un plano de sus bombardeos. Pero lo que usted tiene en sus manos es mucho más que una relación cronológica de los ataques, que hasta este momento no estaban datados por completo, no hay que olvidarlo. es un atlas vivo del primer ensayo real de «guerra total».

Gutmaro Gómez Bravo
Universidad Complutense

(GIGEFRA Grupo de Investigación
de la Guerra Civil y del Franquismo)

[1] Consecuencias de los
bombardeos en la calle
Quintana 22. Biblioteca
Nacional de España,
Madrid.

Madrid bombardeado

> Pasarán unos años y olvidaremos todo; se borrarán
> los embudos de las explosiones, se pavimentarán
> las calles levantadas, se alzarán casas que fueron
> destruidas. Cuanto vivimos parecerá un sueño...
> (Zúñiga, 1980).

El 8 de noviembre de 1936 las tropas sublevadas contra la II República española iniciaron lo que pretendía ser el asalto final para la toma de Madrid. Dio comienzo el bombardeo aéreo sistemático de la capital por la Legión Cóndor de la Alemania nazi y por la Aviazione Legionaria de la Italia fascista, así como el bombardeo artillero desde tierra por las baterías apostadas en las posiciones de la Casa de Campo y del Cerro de los Ángeles. Estos ataques no cesaron hasta febrero de 1939, poco antes de la rendición de la ciudad y del fin de la contienda.

Desde que en 1911 el aviador italiano Giulio Gavotti tuviera la ocurrencia de arrojar varias bombas sobre las tropas turcas en la guerra por el dominio de la costa de Libia (Moreno-Aurioles, 2016, 33), las potencias occidentales empezaron a bombardear desde aeroplanos a las poblaciones nativas de sus respectivas colonias: Italia en Libia y Etiopía; Francia en Marruecos y Siria; España también en Marruecos; Estados Unidos en Nicaragua; Gran Bretaña en Somalia, Egipto, India, Afganistán, Irak, etc. (Lindqvist, 2002)... No obstante, estas no eran consideradas tanto acciones militares como punitivas. Castigos disciplinarios sobre poblaciones nativas para mantener el orden en unos territorios en los que periódicamente se producían revueltas contra la autoridad colonial.

Estas tácticas se empezaron a utilizar sobre poblaciones europeas durante la I Guerra Mundial. Ciudades como Lieja, Friburgo, Venecia, París o Londres sufrieron ataques aéreos que provocaron numerosas víctimas y daños materiales, aunque su intensidad era relativamente baja por la limitada capacidad para transportar grandes cargamentos de bombas a mucha distancia. En cualquier caso, estos ataques tuvieron un carácter esporádico y experimental a lo largo de la Gran Guerra y no llegaron a jugar un papel importante en la estrategia militar de un conflicto que se libró fundamentalmente entre trincheras (Lindqvist, 2002, 100).

En Madrid, en noviembre de 1936, confluyeron una serie de características que dan pie a considerarlo el primer bombardeo moderno sobre una gran capital europea [1]. Son circunstancias señaladas, en mayor o menor medida, por todos los autores que se han referido a los bombardeos de Madrid durante la Guerra Civil española: en primer lugar, Madrid se convierte en campo de pruebas de una tecnología armamentística de última generación y en entrenamiento con fuego real para pilotos y militares de la futura II Guerra Mundial[1] [2]; en segundo lugar, la

---

[1] «La Legión Cóndor era un grupo aéreo, totalmente autónomo, constituido para poner a prueba la eficacia del material béli-

puesta en práctica de las nuevas tácticas aeronáuti-
cas militares: «como los bombardeos incendiarios,
los nocturnos, los rasantes, en cadena y sin motor»
(De Vicente, 2014a, 499); en tercer lugar, el empleo
de la aviación como fuerza de apoyo a las operaciones militares de las unidades de tierra en el intento
de asalto a la ciudad, y, finalmente, el bombardeo de
la población como pilar fundamental de la estrategia
para inducir la rendición de los defensores mediante
el terror, «el amedrentamiento» y «la desmoralización» de los habitantes.

   Este último es quizá el elemento distintivo fundamental que señala la apertura de la primera página

[2] Formación de Junkers
JU-52 de la Alemania
nazi sobrevolando
Madrid. Biblioteca
Nacional de España,
Madrid.

---

co aéreo alemán en condiciones reales de combate y ensayar las
diversas teorías sobre el empleo del poder aéreo y sobre el apoyo
táctico a las fuerzas de superficie. Para el gobierno alemán, la guerra civil española no era otra cosa que una escuela de adiestra-
miento para los pilotos de la Luftwaffe» (De Vicente, 2014a, 50).

de un nuevo capítulo en la historia de los bombardeos del que formarán parte otras muchas poblaciones: Guernica, Barcelona, Alicante, Varsovia, Rotterdam, Londres, Coventry, Liverpool, Hamburgo, Colonia, Berlín, Dresde, etc.

En Madrid, se ponen en práctica por primera vez las teorías militares de Giulio Douhet y Liddell Hart en una ciudad de más de un millón de habitantes[2]. Douhet defendió, desde sus primeros años en el escuadrón aéreo de Turín (1912), que la tecnología aeronáutica estaba destinada a convertir el bombardeo aéreo en la principal forma de ataque, eliminando la distinción entre combatientes y civiles. Esto era así porque desde el aire se difuminaban los límites entre el frente y la retaguardia. Pero también por la naturaleza de los bombardeos aéreos, cuya falta de precisión obligaba a pensar en objetivos zonales y no puntuales. Douhet asumía como inevitable lo que hoy se ha dado en llamar «daños colaterales». En *El dominio del aire* (1921), su principal obra teórica, justificaba la brutalidad de los bombardeos sobre poblaciones con la premisa de que un ataque rápido y contundente siempre causaría menos daños que una guerra prolongada. Significativamente *Il dominio dell'aria* fue traducido al alemán en 1935, un año antes de su puesta en práctica en la guerra de España. Poco antes de morir, en 1928, escribía Douhet: «Un pueblo bom-

---

[2] Si bien esta ocasión no es la primera en que se atacaba desde el aire a una población civil (todas las metrópolis habían llevado a la práctica esta forma de mantener el orden en sus respectivas colonias) ni Madrid era la primera población europea sobre la que se arrojaban bombas (también Londres y otras ciudades sufrieron ataques aéreos durante la I Guerra Mundial), se puede afirmar que Madrid es la primera gran ciudad europea en la que se llevó a cabo un bombardeo sistemático como uno de los pilares fundamentales de la estrategia militar.

bardeado hoy como lo fue ayer, que sabe que volverá a ser bombardeado mañana y no vislumbra el final de su martirio, a la larga, está condenado a pedir la paz» (Lindqvist, 2002, 134).

Por su parte, el estratega militar británico Liddell Hart, en su obra *París o el futuro de la guerra* (1925), se refería en estos términos al enemigo: «trastornar su vida normal hasta tal punto que prefiera el mal menor que supone la rendición» (Lindqvist, 2002, 124).

Este es el contexto en el que hay que situar el reconocimiento del general Alfredo Kindelán, jefe de los Servicios del Aire de las fuerzas sublevadas, cuando afirmó: «por aquellos días, cuando Franco ordenó un ensayo de actuación desmoralizadora de la población mediante bombardeos aéreos...» (Kindelán, 1982, 91). Sin embargo, desde el principio se evidenció el fracaso de esta táctica, ya que «más que desmoralizarla (a la población), contribuyeron a enfurecerla y lograron que una gran masa, indiferente al principio, odiara a la causa nacionalista» (Solé y Villarroya, 2003, 48).

A pesar de la relevancia histórica de estos trágicos acontecimientos y a la gran repercusión que tuvieron en la prensa internacional[3], nada más terminar la guerra, el bombardeo de Madrid pasó a un segundo plano. Raramente se menciona el caso de Madrid cuando se habla de ciudades bombardeadas, y muy pocos de sus habitantes tienen conocimiento de este capítulo esencial de su historia reciente, y mucho menos son conscientes de las consecuencias que tuvo sobre la ciudad y quienes vivían en ella.

---

[3] Ya en el momento de producirse los acontecimientos existía la percepción general de que se trataba de unos hechos sin precedentes: «Por primera vez en la historia, una población civil sufrió todo el horror de la guerra moderna» (Clavet, 1937, 68).

Tiene fácil explicación si atendemos a lo sucedido tras la guerra. La desmemoria de los bombardeos fue inducida durante décadas por un régimen que convirtió Madrid en capital de su «victoria», borrando su condición de población víctima de la violencia. Desde esta perspectiva se llevó a cabo una reconstrucción de los daños que negaba no ya el recuerdo, sino la existencia misma de la destrucción provocada. Cuatro décadas de relato triunfalista de un régimen totalitario, seguidas de otras cuatro de pragmática amnesia democrática, explican que hoy día madrileños y madrileñas tengan más presente el sacrificio del levantamiento contra los franceses ocupantes el 2 de mayo de 1808, hace más de doscientos años, que el martirio de sus conciudadanos de hace tan solo ochenta.

No obstante, puede que gracias al *Guernica* las imágenes de la destrucción de Madrid, arrojadas a la desmemoria [3-4], hayan sobrevivido en la cultura visual universal de nuestro presente. Según Martin

Minchom (2010), fueron las crónicas de Louis De-laprée de los bombardeos en Madrid las que inspira-ron a Picasso el icono del nuevo paradigma bélico. El *Guernica* era Madrid.

[4] Las imágenes de destrucción y muerte que mostró Madrid al mundo resuenan con las que luego retratará Picasso. Foto Mayo, Biblioteca Nacional de España, Madrid.

Visualizar la destrucción

La más trágica consecuencia de esta táctica de gue-rra son las víctimas personales, directas e indirec-tas. Los muertos, los heridos y el estrés psicológico de una población sometida a constantes situaciones de peligro y al impacto visual y sonoro de las bombas y de sus efectos[4] [5] son aspectos difíciles de cuantifi-

---

[4] Existen numerosos testimonios literarios de estos funestos efectos: «Cuando se corre peligro de muerte se tiene miedo: antes, en el momento o después [...], Aquellos días del mes de noviembre de 1936 todos y cada uno de los habitantes de Madrid estaban en

car que conducen fácilmente a guerras de cifras. Más aún en un campo de estudio como el de la Guerra Civil española en el que, ochenta años después, todavía persisten artificiosas controversias, muchas veces basadas más en interpretaciones ideológicas que en hechos contrastados.

Reconociendo la importacia del drama humano sobre cualquier otra consideración, este trabajo se acerca a él indirectamente, a través del análisis de la destrucción del patrimonio inmueble. Se trata de un aspecto más tangible de los bombardeos, más fácilmente cuantificable y que, sobre todo, forma parte de nuestro campo de estudio natural como arquitectos y profesores en la Escuela de Arquitectura de Madrid.

El objetivo de este trabajo es la representación gráfica y el análisis de la destrucción de Madrid durante la Guerra Civil de 1936-1939, algo que hasta ahora solo se había descrito en líneas generales.

A través del análisis gráfico, se trata de comprehender y comunicar sucesos complejos que tuvieron lugar sobre un soporte complejo, la ciudad. El dibujo, por su capacidad de comunicación gráfica, es un instrumento idóneo para ello. El resultado principal es este plano del Madrid bombardeado: una *cartografía de la destrucción*. Una síntesis gráfica que permi-

---

constante peligro de muerte [...]. La granada que mató a la vendedora de periódicos de la esquina de la Telefónica lanzó una de sus piernas al centro de la calle, lejos del cuerpo» (Barea, 2019, 1.143-1.144).

«Un día me encontraba en el café León con uno de mis compañeros, el periodista George Gordon [...]. La acera de la esquina más cercana al bar estaba cubierta de arena amarilla, también habían echado arena a la fachada del edificio, se había quedado adherida al cemento. Cuando pasamos por allí una hora antes, era todo sangre. Una bomba había caído junto a la entrada del metro y había dejado siete muertos y veintidós heridos» (Grieg, 1937, 115).

[5] Momento en el que estalla un obús entre los transeúntes de la calle del Carmen. Biblioteca Nacional de España, Madrid.

te destilar en una sola imagen el alcance de aquellos acontecimientos: volumen y localización de los siniestros, edificios afectados, armamento empleado, incluso la percepción misma de ese «amedrentamiento» de la población civil.

Es a través de los ojos como reforzamos nuestra capacidad de empatia con unos hechos alejados de nuestro tiempo pero inmediatos a nuestro entorno. Un trabajo histórico, literariamente descriptivo y abundante en cifras, se enriquece con operaciones de

[6] Fotomontajes de Docherty para las series «I WW» y «II WW in Google Street View». Las ruinas de Lakenhalle en Ypres, Bélgica, 1914 (arriba). *The Guardian* (Docherty, 2014b). Refugio antiaéreo de Balham Station parcialmente destruido por una bomba. Londres, 1940 (abajo). *The Guardian* (Docherty, 2014b).

visualización, dotándole de una comprensión rápida, global y comparativa de las consecuencias materiales de un bombardeo de esta escala.

Intentamos sintonizar en espíritu con la labor que iniciara en la Viena de entreguerras Otto Neurath, con su instituto ISOTYPE[5]. Neurath era un firme convencido de que «la comunicación de conocimiento a través de imágenes jugaría un papel cada vez más

---

[5] International System of Typographic Picture Education, que nace en la Viena de los años veinte.

importante en el futuro» y sería, incluso, una parte clave de la creación de un hermanamiento en la especie humana a través de la representación clara de situaciones complejas.

Otros trabajos útiles para crear esta «empatía gráfica» en torno a las consecuencias de los bombardeos urbanos son los de Halley Docherty [6], Javier Marquerie y Sebastian Maharg. Aprovechando la omnipresencia de «Google Street View», Docherty superpone escenas de la I y II Guerras Mundiales sobre una imagen actual de los mismos lugares. Marquerie[6] y Maharg[7] han llevado a cabo trabajos fotográficos, partiendo de un planteamiento similar, con escenas de la Guerra Civil española en Madrid. Es indudable la capacidad comunicativa de estas imágenes, jugando con la dimensión temporal a través de esta superposición espacial.

Sin embargo, a pesar de que la inmediatez de la fotografía permite una aproximación, estas imágenes no facilitan una comprensión global de la extensión de los daños en una ciudad. La mayoría son imágenes parciales, como señala De las Heras:

> El primer paso es entender que la fotografía no muestra la realidad. En todo caso, muestra realidades. Si creemos que la fotografía es un espejo de la realidad erramos, pues en ella se muestra lo que el operador de cámara, bajo su criterio o influido por un comitente, quiere mostrar en el instante en que encuadra (atendiendo a motivaciones de orden estético, cultural, ideológico o político) y apartando otras muchas posibilidades que se presentan como realidades veladas al lector pero que pueden dejar su huella en la instantánea (De las Heras, 2014, 344-345).

---

6 Serie de fotografías *Madrid, ¡qué bien resistes!*, 2013.
7 https://www.sebastianmaharg.com/madrid-1936-1939.

[7] Fotografía del
bombardeo aéreo
de Barcelona, el 17 de
marzo de 1938, tomada
desde un bombardero
italiano. https://es.m.wiki
pedia.org/wiki/Archivo:
Barcelona_bombing_
(1938).jpg.

Incluso cuando se trata de imágenes del conjunto urbano, como en fotografías aéreas de los ataques, sin un criterio interpretativo no se puede comprender el alcance de los hechos retratados [7].

En ese sentido, este trabajo, que se apoya fuertemente en fuentes fotográficas, hace un esfuerzo por contextualizar esas imágenes a través de los datos que las rodean, recordando también cómo Susan Sontag nos enseñó en *Ante el dolor de los demás* a «rodear de palabras» (Sontag, 2003, 32) la fotografía.

Cartografiar la destrucción no puede limitarse a ubicar impactos sobre un plano urbano, sino que debe interpretar y codificar los datos para facilitar la comprensión de una realidad compleja. Una cartografía de la destrucción puede aportar una lectura coherente de los hechos y ordenar parámetros reveladores, como cronología, extensión o intensidad, evidenciando patrones que no se perciben en una

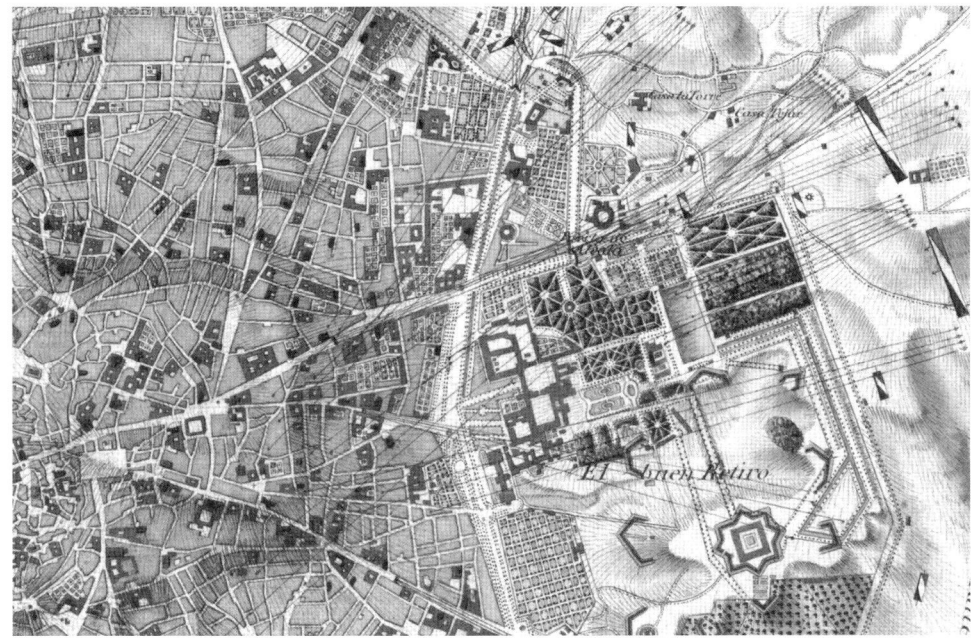

mera enumeración. Son pocos los trabajos que recurren específicamente a medios gráficos para difundir el conocimiento y la comprensión, tanto global como detallada, de la destrucción de ciudades bombardeadas.

Antecedentes de cartografías de bombardeos de ciudades los encontramos ya en el siglo XIX, y, en concreto, uno referido al mismo Madrid. Se trata del plano trazado en 1809 por el ingeniero geógrafo Bentabole para representar el bombardeo de la ciudad por la artillería de Napoleón [8]. No obstante, la finalidad de este documento no es tanto historiográfica como conmemorativa (Quirós *et al.*, 2008). En él, sobre un plano de la ciudad y su entorno próximo, se representan las posiciones de las tropas y de las baterías de artillería francesas, la trayectoria de los proyectiles y los lugares de los impactos. No obstante, dado el objetivo del documen-

[8] Joseph Charles Marie Bentabole, Plan de *Madrid et de ses environs* (detalle). E 1:20.000. Service Historique de la Défense, Département de l'Armée de Terre, Section de Archives Techniques.

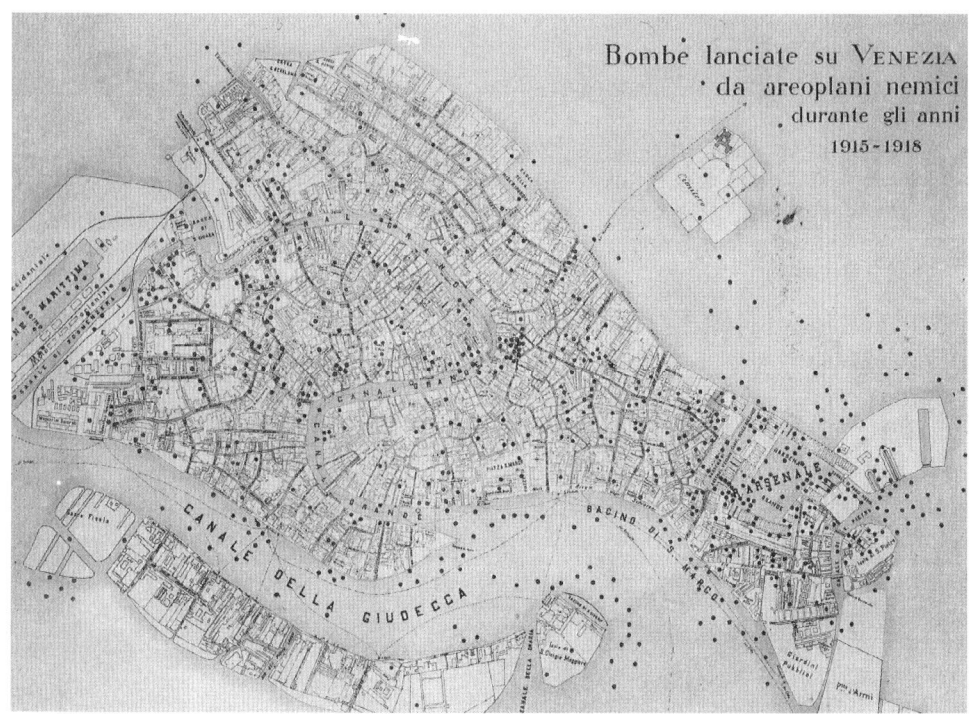

Bombe lanciate su VENEZIA
da areoplani nemici
durante gli anni
1915-1918

[9] Bombas lanzadas sobre Venecia por aeroplanos enemigos durante los años 1915-1918. Museo Correr de Venecia.

to, es poco probable que los impactos representados sean el resultado de un trabajo documentado y que, por tanto, respondan a la realidad, siquiera de forma aproximada.

Tras la I Guerra Mundial se dibujaron igualmente planos con los impactos de los bombardeos aéreos austriacos de algunas ciudades italianas como Venecia o Treviso [9], esta vez ya con una intención propagandística, delatando de manera implícita la barbarie de un enemigo capaz de destruir una joya como la capital del Véneto.

Un referente directo de este estudio es el desarrollado por el Comité de Reforma, Reconstrucción y Saneamiento de Madrid (CRRSM) durante el mismo transcurso de la Guerra Civil. Un trabajo sobre el que incidiremos más adelante, puesto que constituye una de las principales fuentes documentales de la investigación.

CARTOGRAFÍA DE LA DESTRUCCIÓN

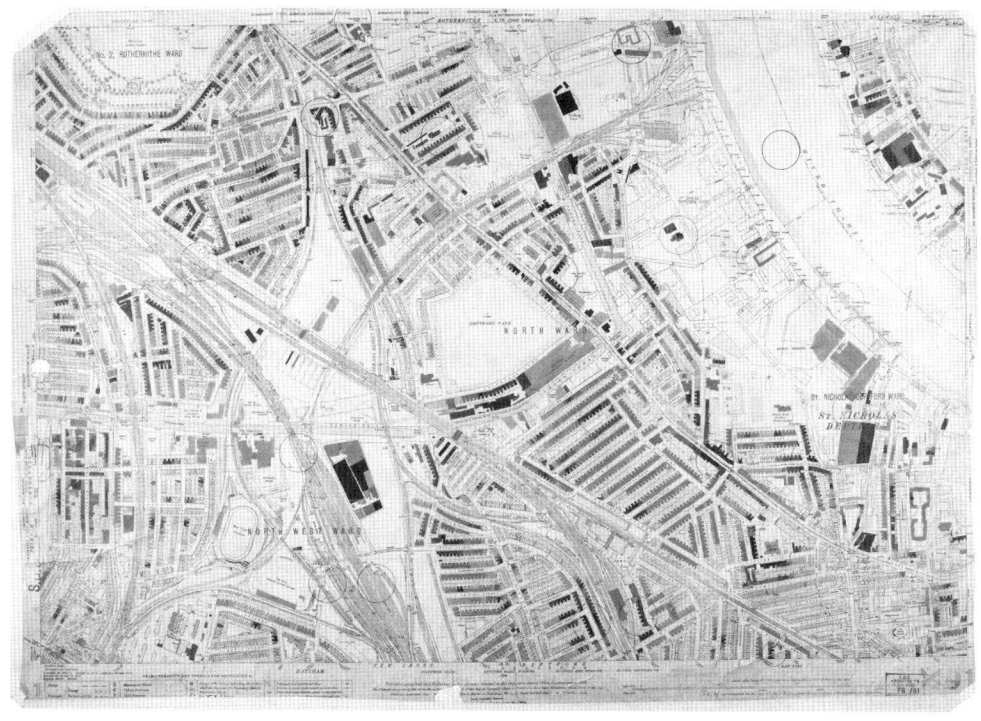

Parte de la documentación gráfica elaborada por el CRRSM es el antecedente inmediato del *Bomb Census* y de los *Bomb Damage Maps* [10] londinenses, elaborados en Reino Unido durante la Segunda Guerra Mundial. El *Bomb Census* fue un procedimiento de recopilación de información, después de cada ataque aéreo, para la elaboración posterior de planos de las ciudades donde se reflejó, con código de colores, la intensidad de los daños causados en los edificios por las bombas. El propósito era «dotar al gobierno de un mapa completo de los patrones de ataque aéreos, tipos de armas usadas y daños causados, particularmente en servicios estratégicos e instalaciones»[8].

[10] *Bomb Damage Maps*, elaborados por el London County Council entre 1939 y 1945. London Metropolitan Archives.

---

[8] http://www.nationalarchives.gov.uk/help-with-your-research/research-guides/bomb-census-survey-records-1940-1945/.

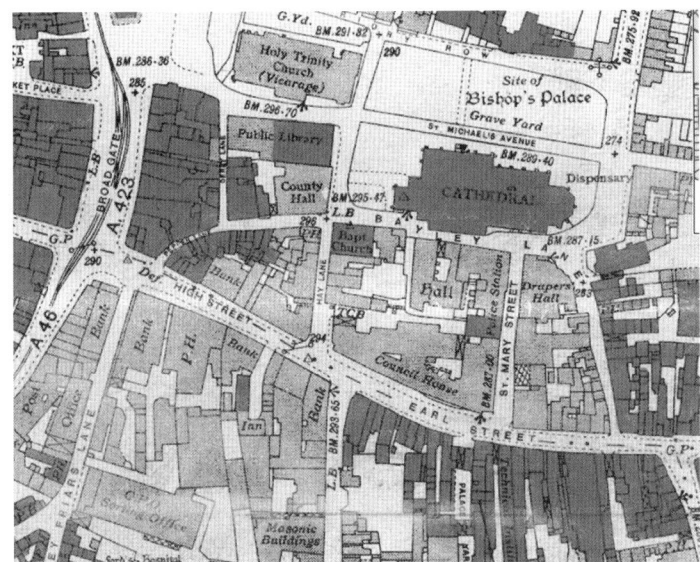

[11] Bombardeo de Conventry, *Coventry Blitz,* 1940. Coventry History Centre.

Después de la II Guerra Mundial se elaboraron planos de otras ciudades afectadas por los bombardeos, como Coventry [11] o Birmingham. Más recientemente, algunos de los planos del *Bomb Damage Maps* han sido la base documental del *Bomb Sight Project.* Este proyecto, dirigido por Katherine Emma Jones, consiste en un mapeo del *Bomb Census* de Londres con el fin de hacer accesible al público la información de los lugares de impacto de las bombas, hasta ahora solo disponible en la sala de consultas del National Archives, a través de dos plataformas digitales interactivas: una página web [12] y una aplicación para dispositivo móvil.

Muchas de estas cartografías nacen de la misma intención: la «denuncia» del daño infligido por «el otro». Es importante reseñar la dificultad de separar estas representaciones de violencia de las razones y emociones que las provocaron, todavía muchas veces entrelazadas con posiciones políticas actuales. Desde esta perspectiva es interesante ver el estudio sobre

CARTOGRAFÍA DE LA DESTRUCCIÓN

[12] *Bomb Sight. Mapping the World War 2 bomb census.* Bombsight.org.

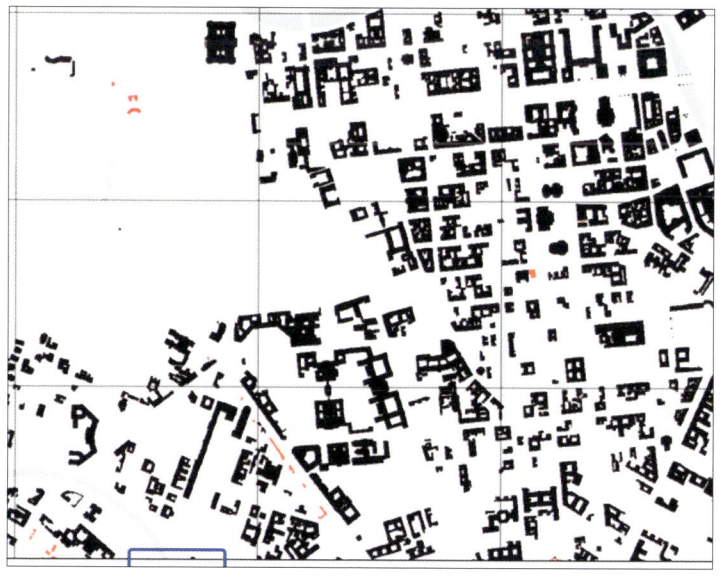

[13] *Berliner Stadtmodelle.* Departamento de Urbanismo y Vivienda del Senado de Berlín.

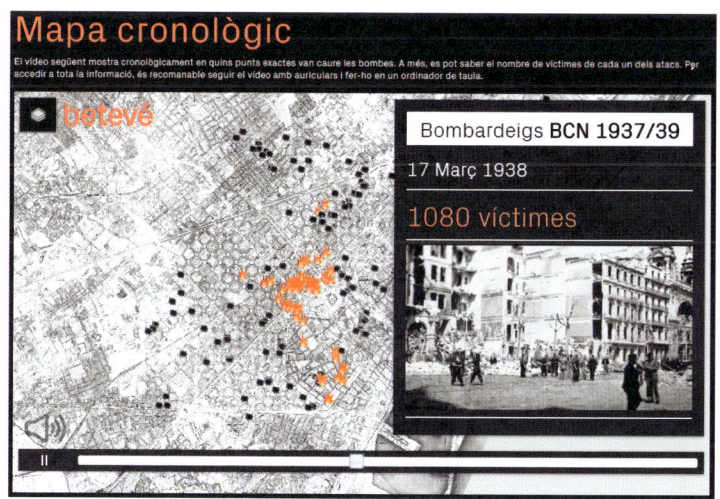

[14] *Barcelona sota les bombes.* barcelonasotalesbombes. beteve.cat/.

Berlín que se presentó en el pabellón alemán de la 7ª Biennale de arquitectura en Venecia en el año 2000. El trabajo pasa de puntillas por los devastadores bombardeos aliados de la II Guerra Mundial. En Alemania, durante mucho tiempo, cuestionar estos bombardeos, siquiera desde una perspectiva pacifista, era suficiente para recibir acusaciones de filonazi. En este caso es notorio que la destrucción de la ciudad se presenta de una manera aséptica, como si se tratara de una transformación urbana más, una simple desaparición de parte del tejido antiguo para dar lugar a uno nuevo [13].

Es preciso citar también un proyecto con el que sentimos cierto hermanamiento, que dio lugar a la página web *Barcelona sota les bombes* [14] (Albertí y Albertí, 2004), y que permite un recorrido visual y cronológico de los bombardeos de Barcelona durante la Guerra Civil española con abundante información fotográfica y datos de las víctimas[9].

El estudio que exponemos aquí comparte con Londres y Barcelona algunos aspectos del método de investigación. Compartimos también la voluntad de facilitar el acceso público a los datos de la destrucción sufrida por Madrid durante su guerra más reciente.

BOMBEROS, ARQUITECTOS, FOTORREPORTEROS...

Para la investigación se han buscado todo tipo de fuentes documentales que refirieran daños de los bombardeos entre agosto de 1936 y marzo de 1939. La mayoría de los documentos consultados han sido fuentes

---

[9] Un estudio de los bombardeos sobre Barcelona más reciente y con abundante material gráfico es el de Arañó y Capdevilla (2018).

primarias, elaboradas durante los meses de la guerra o en los años inmediatamente posteriores. El marco geográfico elegido es el término municipal de Madrid en su extensión durante los años del conflicto. Esto implica que han quedado fuera del ámbito de estudio algunos núcleos de población próximos que fueron muy castigados por los bombardeos y que hoy día sí se integran en el término municipal. Es el caso de Tetuán de las Victorias, Vallecas, Puente de Vallecas o Entrevías[10].

Entre todas las fuentes empleadas destacan los documentos generados por cuatro colectivos profesionales que representaban la respuesta de la sociedad civil frente a la violencia de la guerra: bomberos, policías, arquitectos y fotorreporteros.

Estas fuentes presentan documentos muy heterogéneos: los libros de intervención del cuerpo de bomberos y las relaciones de daños y de víctimas elaboradas por el Ayuntamiento de Madrid, a partir de los partes de la Jefatura de Policía, informan sobre el cuándo, el dónde y, a veces, especifican el tipo de bombardeo, pero apenas hacen referencia a los daños. Los dibujos de los arquitectos municipales suelen ser descriptivos en cuanto al grado de afectación de los edificios, pero no informan de la fecha del bombardeo. Las fotografías evidencian la destrucción y suelen contener referencias para deducir el lugar, pero tampoco informan sobre el cuándo. Otras informaciones, como las listas de edificios bombardeados publicadas, apenas aportan más que el lugar del siniestro.

Todas las fuentes conservadas son incompletas, en mayor o en menor medida. Primero, porque no ubican todos los edificios afectados por los bombar-

---

[10] Sobre los bombardeos en puente de Vallecas, véase J. M. Uría (2010).

deos, pero también porque ninguna aporta todos los datos que, de cada siniestro, sería pertinente conocer. Ya se trate de registros del cuerpo de bomberos o de la policía, listas de inmuebles dañados, planos, dibujos a mano alzada, colecciones de fotografías o crónicas, ninguna de ellas contiene más que una parte de la verdad sobre la destrucción sufrida [15]. Consecuencia de todo ello es la discrepancia entre los 2.200 inmuebles afectados documentados en esta investigación y los siniestros referidos en las estadísticas del Comité de Reforma, Reconstrucción y Saneamiento de Madrid, que maneja cifras mucho más elevadas en la memoria que publicó en 1938 sobre la actividad desarrollada en su primer año de existencia (CRRSM, 1938, 12). Por un lado, el Servicio de Socorro a Bombardeos informaba de 6.036 siniestros atendidos solo en el año 1937 [16]. Por otro, la Sección de Estadística de la Oficina de Estudios Técnicos contabilizaba 3.543 edificios deteriorados en diverso grado, desde destruidos hasta ligeramente afectados, de las 7.922 casas inspeccionadas (CRRSM, 1938, 20), teniendo en cuenta que solo se pudieron examinar completamente los distritos de Centro, Hospicio y Palacio.

Una gran parte de los siniestros, por tanto, no se ha podido documentar. Este déficit de información se podría explicar por la magnitud y extensión de los ataques frente a la limitación de los medios disponibles para atender y registrar una situación inédita de caos y emergencia. Hay también otra explicación, compatible con la anterior, y sería la hipótesis de que muchos siniestros de menor envergadura pasaran prácticamente desapercibidos frente al impacto de otros más graves que concentrarían la atención. Si damos por buena esta hipótesis, podemos afirmar que, si bien no se han podido documen-

2203 Edificios afectados documentados (un icono=10 edificios)

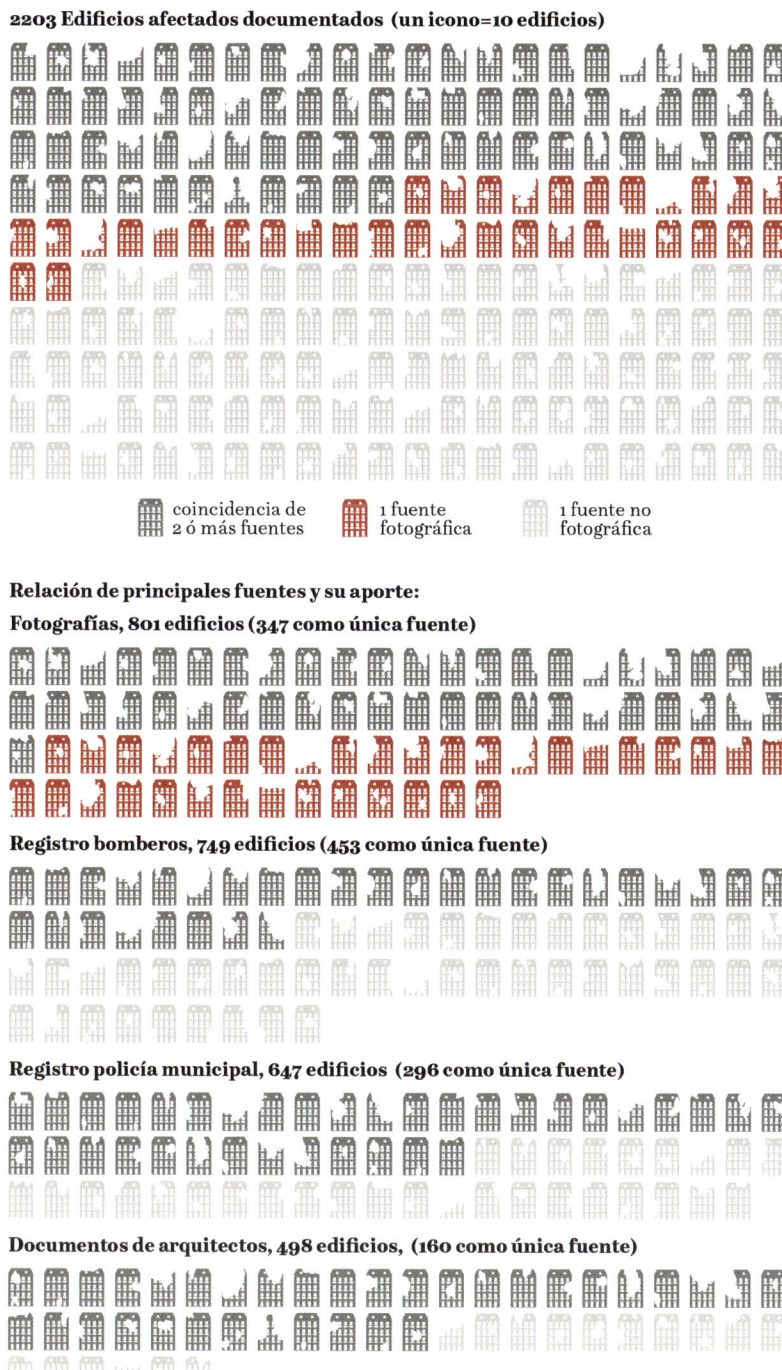

coincidencia de 2 ó más fuentes

1 fuente fotográfica

1 fuente no fotográfica

Relación de principales fuentes y su aporte:

Fotografías, 801 edificios (347 como única fuente)

Registro bomberos, 749 edificios (453 como única fuente)

Registro policía municipal, 647 edificios (296 como única fuente)

Documentos de arquitectos, 498 edificios, (160 como única fuente)

[15] Comparativa de datos recabados de las distintas fuentes.

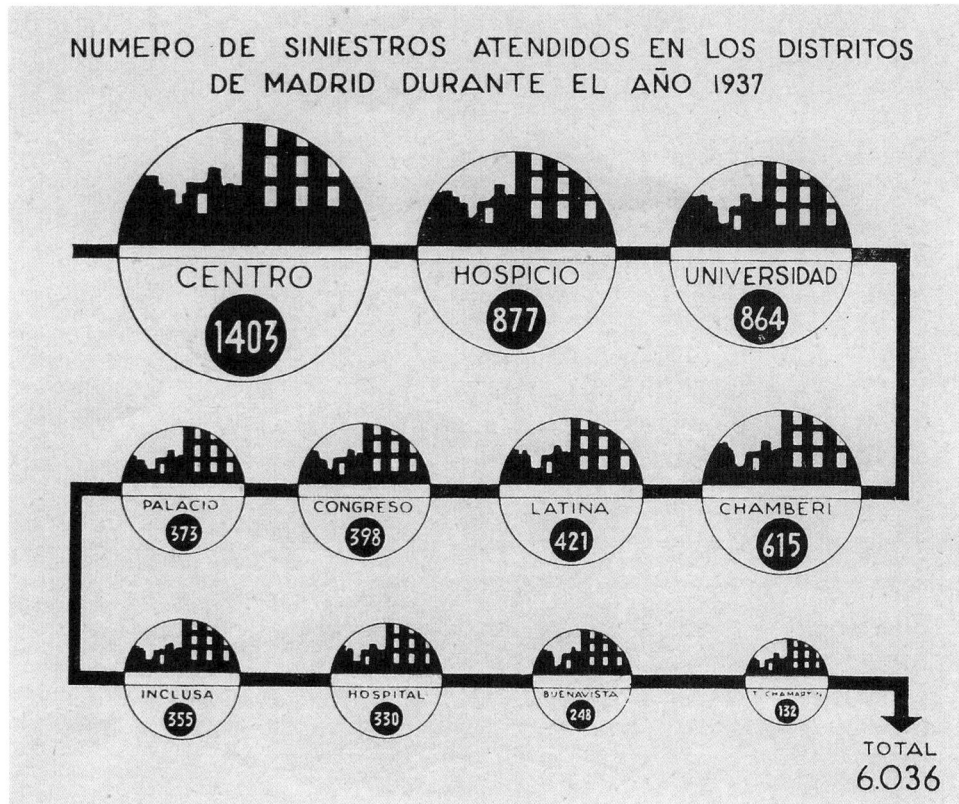

NUMERO DE SINIESTROS ATENDIDOS EN LOS DISTRITOS
DE MADRID DURANTE EL AÑO 1937

CENTRO
1403

HOSPICIO
877

UNIVERSIDAD
864

PALACIO
373

CONGRESO
398

LATINA
421

CHAMBERI
615

INCLUSA
355

HOSPITAL
330

BUENAVISTA
248

T. CHAMARTIN
132

TOTAL
6.036

[16] Número de siniestros atendidos en los distritos de Madrid durante el año 1937. Comité de Reforma, Reconstrucción y Saneamiento de Madrid, *Memoria.*

tar muchos de los edificios afectados, sí hemos localizado el grueso de los que sufrieron el mayor grado de destrucción.

En cualquier caso, los resultados de esta investigación resultan conservadores, toda vez que los casos dudosos han sido descartados. A su vez, estas reflexiones nos obligan a considerar esta cartografía un trabajo abierto, susceptible de ser ampliado y completado en la medida en que otros documentos aporten nueva información[11].

---

[11] De hecho, el plano al que este libro acompaña fue inicialmente publicado por el Ayuntamiento de Madrid en marzo de 2019, con aproximadamente 1.600 edificios afectados identificados. Esta

El análisis de las fuentes constata que más de la mitad de los edificios identificados (55%) están documentados en más de una fuente (27%) y/o en documentos fotográficos (36%). Esto, por un lado, confirma el grado de fiabilidad de las fuentes y, por otro, permite completar los datos de muchos de los siniestros. Por ejemplo, muchas de las imágenes disponibles han podido ser fechadas, al menos de forma aproximada, gracias a las referencias de los edificios mencionados en los libros de intervención de los bomberos.

La información de cada edificio afectado se ha ordenado en una base de datos, agrupada en tres grandes epígrafes: identificación del inmueble, datos del bombardeo y sus fuentes documentales. La información disponible de cada edificio raramente contiene todos los parámetros. En algunos casos se han podido deducir parámetros, con una aproximación razonable, a partir de los otros datos conocidos y del análisis de toda la información en su conjunto. Algunas de estas estimaciones, como la ubicación exacta de un impacto, pueden tener cierto grado de imprecisión en el ámbito del edificio, pero en el conjunto de la ciudad el resultado refleja estadísticamente la realidad estudiada.

La tercera fase de trabajo ha sido la georreferenciación de esta base de datos [17]. Este proceso se ha llevado a cabo sobre la base cartográfica del plano ca-

---

nueva edición revisada y ampliada incluye casi 600 edificios afectados más, que han podido documentarse en el lapso de tiempo transcurrido gracias al hallazgo, en el Centro Documental de la Memoria Histórica de Salamanca, del documento *Listes officielles des maisons détruites et des victimes des bombardements sur la ville de Madrid. Octobre 1936/Novembre 1936,* del que se hablará más adelante.

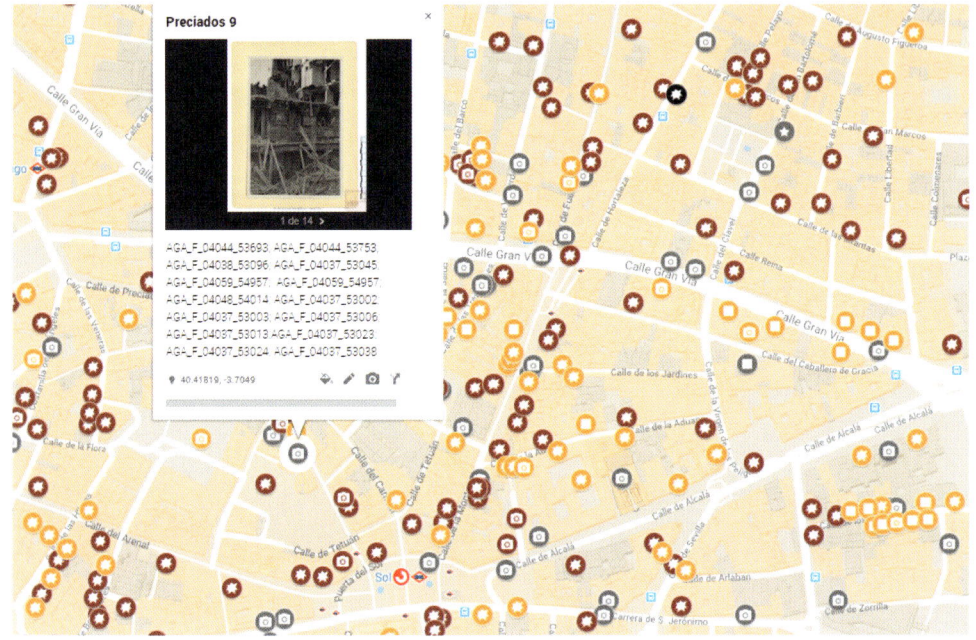

tastral de Madrid. El trabajo, mediante *software* GIS, ha permitido ubicar y procesar la información, que se puede ordenar y visualizar en función de cualquiera de los parámetros registrados para su análisis. Buscamos inicialmente tres aspectos fundamentales que permiten profundizar en el conocimiento del objeto investigado: la localización de los edificios afectados y la identificación de posibles patrones de distribución (dónde); el tipo de armamento utilizado y su grado de destrucción asociado (cómo), y la cronología de los bombardeos (cuándo). También se propone buscar posibles relaciones entre estos parámetros de modo que, a partir de los datos de los que existe constancia documental, se puedan plantear hipótesis razonables sobre otros de los que no existe.

En última instancia necesitábamos unos criterios gráficos que facilitaran una lectura de los datos y permitieran una comprensión global de la destrucción.

[17] Identificación y localización de los inmuebles afectados por los bombardeos a partir de la información obtenida en las fuentes documentales. Elaboración propia sobre Google Maps.

[18] Comparación del tamaño de Madrid en 1939 y en 2019.

Básicamente se ha traducido a diferentes capas de dibujo tres tipos de elementos: el soporte físico urbano, los inmuebles afectados y los impactos de proyectiles.

La representación del soporte físico atiende a una doble realidad, fundamental para conectar presente y pasado. Por un lado, el Madrid de 1936, una ciudad mucho menor en su extensión que el Madrid actual [18]. Visualizar los límites de esta ciudad pasada es clave para comprender el alcance de los bombardeos y entender que abarcaron casi toda la extensión urbana, causando su efecto amedrentador sobre todos los que en ella habitaban. Es importante igualmente la representación simultánea del estado actual de la ciudad para que el lector conecte pasado y presente a través de elementos de referencia que le permitan identificar la ciudad y el barrio que conoce. Este criterio se ha materializado mostrando las masas edificadas de la ciudad durante la guerra en una tonalidad más oscura que las del estado actual. Esta superposición de estados, análogamente a la superposición de imágenes fotográficas de Docherty, Marquerie y Maharg, permite relacionar visualmente la ciudad actual con su historia.

Los edificios que resultaron afectados se han identificado con la extensión de la finca catastral actual que ocupa el mismo lugar. A pesar de tratarse en nuestro caso de un tejido urbano en su mayor parte consolidado, existe una dificultad inherente a este criterio de trabajo debida a las modificaciones producidas en los últimos ochenta años en la denominación, naturaleza o extensión de las fincas. Por un lado, las fuentes documentales consultadas se refieren, cuando especifican direcciones postales, a vías públicas que, en algunos casos, han cambiado su nombre o a fincas que han variado su numeración. Ha sido preciso, por tanto, una labor de identificación de la dirección postal actual de numerosos edificios. Pero la dificultad es aún mayor cuando se han producido alteraciones de los contornos de las fincas por la modificación del trazado de las vías públicas, generalmente por la apertura de calles o plazas. Es el caso de la transformación de la configuración de las plazas de España o de la Moncloa, del espacio que ocupaba el Cuartel de la Montaña, del tejido urbano en torno a la actual Gran Vía de San Francisco o de las zonas próximas a las márgenes del Manzanares, por poner algunos ejemplos significativos. En los casos en los que la transformación de la antigua finca es tal que no permite la identificación con la actual, se ha llevado a cabo una reconstitución gráfica de su estado durante la guerra tomando como referencia planos parcelarios del momento.

Finalmente, para visualizar la destrucción de la ciudad es imprescindible representar de alguna manera la causa de dicha destrucción: el impacto de los proyectiles. En algunos casos la ubicación de los impactos se ha podido deducir, con mayor o menor precisión, a partir de la información aportada por los documentos gráficos disponibles: fotografías y planos. En la mayor parte de los casos, sin embargo, no es posible tal grado de precisión y se ha optado por el criterio general de ubicar un impacto dentro del área ocupada por los edificios afectados, pudiendo considerarse esta aproximación suficientemente precisa a escala urbana, aunque no lo sea a escala de edificio.

Guiados por ese afán de comunicar la acción destructiva y el mismo terror de los bombardeos, hemos buscado un código gráfico que reflejara no solo el impacto de las bombas sino sus terribles ondas expansivas.

Dibujar un «plano de destrucción» se revela como una gran paradoja...

LOS REGISTROS DE LOS BOMBEROS

El cuerpo de bomberos de Madrid desempeñó un papel crucial y heroico en las labores de salvamento [19], acudiendo a los lugares donde era preciso rescatar supervivientes, recuperar cadáveres o apagar fuegos que amenazaban con extenderse[12]. Los libros de intervención del Archivo Histórico del Cuerpo de Bomberos de Madrid son una fuente de inestimable valor para conocer la intensidad y extensión del urbicidio madrileño [20]. En estos libros un operario registraba cada salida que efectuaban las dotaciones de bomberos para atender cualquier siniestro, y dejaba cons-

---

[12] En este sentido es fundamental el acercamiento al libro de reciente publicación de Juan Redondo Toral (Redondo, 2020), oficial de bomberos retirado y cómplice clave en nuestro trabajo.

tancia de la fecha, hora, dirección del inmueble al que se acudía, motivo de la intervención y, en ocasiones, observaciones específicas.

Como comenta Juan Redondo, oficial responsable de haber conservado el archivo, esos libros reflejan la actividad de «hormiguitas» que realizaba el cuerpo de bomberos, convertido en la primera «respuesta inmunológica» de la ciudad.

Estos registros no solo han servido para documentar la dirección de 749 edificios en los que se intervino a causa de los diversos bombardeos, sino que también aportan una información muy detallada que no se encuentra en otras fuentes, incluidos los archivos militares. Por un lado, la fecha, hora y dirección de las intervenciones permiten reconstruir la cronología y las zonas de la ciudad donde se desarrollaron los ataques. Por otro, la causa de la intervención indica, en muchos casos de forma inequívoca, el tipo de ataque, lo que permite deducir indirectamente la intensidad de los daños producidos.

[20] Imagen de la página del Libro de intervenciones de los bomberos de Madrid correspondiente a las últimas anotaciones de los bombardeos del día 16 de noviembre de 1936 y las primeras anotaciones del día siguiente. Archivo Histórico del Cuerpo de Bomberos de Madrid.

En muchos de los registros se llega a diferenciar con las expresiones «obús» y «bombardeo de aviación» si los proyectiles fueron lanzados por la artillería desde posiciones militares exteriores a la ciudad o si fueron arrojados desde aeronaves. En otros registros el escueto término empleado como causa de la intervención, «bombardeo», no indica con certeza el tipo de ataque. En estos casos, esta información ha tenido que ser deducida considerando otros datos y fuentes. La fecha, por ejemplo, suele ser un dato determinante, ya que, gracias a las fuentes militares, podemos descartar uno u otro tipo de ataque. El término «reproducción», que aparece con cierta frecuencia, suele indicar un ataque con bombas incendiarias, ya que los fuegos que provocaban en las tradicionales armaduras de madera de las cubiertas de los edificios de viviendas se reavivaban en ocasiones en los días siguientes al ataque.

Las observaciones anotadas, aunque escasas y generalmente escuetas, suelen ser un testimonio estremecedor de la realidad más dramática de los bombardeos. Comprobamos, por ejemplo, cómo en la página donde se registran las intervenciones del bombardeo nocturno del 16 de noviembre de 1936 se indica que «durante el bombardeo fue ametrallado el coche del parque 1º resultando muerto el chófer Bienvenido Hernández en la calle de las Huertas (Hotel Savoy)»; el 23 de abril de 1937 se acude a la salida de la estación de metro Sevilla para «lavar el piso, sangre víctimas obús»; o el 25 de agosto del mismo año se interviene en los números 15 y 17 de la calle Bustamante para «extraer dos cadáveres por obús».

Es preciso considerar también las limitaciones de estos registros. En primer lugar, porque los medios materiales y personales del cuerpo de bomberos fueron claramente insuficientes para atender todos los siniestros que se produjeron en determinados momentos de los bombardeos: «Los bomberos se veían impotentes para combatir tantos incendios importantes y simultáneos. En muchos edificios se renunciaba a echar agua y solo quedaba esperar a que se quemasen, y rescatar a las personas» (De Vicente, 2014a, 101). Los libros de intervención corroboran esta circunstancia con la indicación «sin precisar pues actuó todo el Servicio» manuscrita en muchas de las páginas correspondientes al mes de noviembre de 1936. En segundo lugar, hay zonas de la ciudad que apenas pudieron ser atendidas por los bomberos a pesar de que fueron muy afectadas por los ataques. Se trata fundamentalmente de las llamadas «zonas batidas», como el barrio de Argüelles, la cornisa del Manzanares, las áreas próximas al río y las barriadas al sur del Manzanares: paseo de Extremadura, puente de Toledo y Usera. Se trataba de zonas extremadamente peligrosas por su proximidad al frente y donde la población había sido evacuada casi en su totalidad, por lo que la labor de los bomberos no era tan necesaria.

Finalmente, hay que sospechar, ocasionalmente, cierto grado de imprecisión en las direcciones de los inmuebles apuntadas en los libros de intervención. Existen casos en los que cabe plantearse que se refieran a edificios adyacentes. También puede que, bajo una misma dirección registrada, se acuda a atender emergencias a un conjunto de varios edificios.

LOS PARTES DE LA POLICÍA URBANA

De la actuación del cuerpo de policía municipal de Madrid durante los bombardeos existen pocas referencias, pero los policías acudieron igualmente a los siniestros, dejando constancia de ello en los partes que daban a la Jefatura de Policía, informando del inmueble afectado y de las víctimas. Estos partes aportaban sobre todo información de las víctimas: nombre, domicilio y si resultaron muertas o heridas, con indicación del centro donde fueron atendidas y su pronóstico. En ocasiones también señalaban el tipo de proyectil que había provocado el siniestro, describían someramente los daños provocados en los edificios o detallaban algunas circunstancias del suceso. Por ejemplo, en la relación de víctimas del 18 de noviembre de 1936 se dice:

> En este distrito y en la calle de Arenal 30 un proyectil causó desperfectos en el establecimiento de Viena Capellanes, resultando una persona herida. Asimismo fue arrojada una bomba de aviación sobre el edificio de la Cia. Asturiana [21] (Plaza de España) causando grandes desperfectos en el edificio y la muerte al conductor de un camión del Parque de Artillería.

Y en la del 26 de noviembre:

> Dolores Rey Gómez, herida gravemente al estallar un proyectil de artillería en su domicilio, sito en la calle de San Quintín nº 6. En los trabajos de desescombro de la finca siniestrada de la calle del Marqués de Santa Ana nº 11 [22], han sido hallados tres cadáveres que no han sido identificados.

De hecho, las observaciones incluidas en estos partes nos permiten conocer con cierto detalle algunos casos, como el especialmente doloroso del antiguo edificio núm. 11 de la calle del Marqués de Santa Ana, esquina a la calle de Casto Plasencia. El 16 de noviembre una bomba de gran potencia derribó casi por completo dicho edificio y los dos adyacentes, se-

[21] Fotografía del edificio de la Real Compañía Asturiana de Minas en la plaza de España. Foto Mayo, Biglioteca Nacional de España, Madrid.

pultando hasta a 150 personas entre los escombros. Las labores de rescate se prolongaron al menos durante doce días. Hasta entonces fueron rescatándose cadáveres y heridos con los medios disponibles y bajo los aún más intensos bombardeos de los días siguientes: cuatro cadáveres rescatados el día 18, 40 muertos sin identificar el 21, cuatro el 26, tres el 27 y seis más el 28 de novicmbrc, contabilizando un total de 57 muertos, además de los heridos.

A partir de estos informes, la Jefatura de Policía elaboró y remitió a la presidencia de alcaldía unas re-

[22] Fotografía del edificio derrumbado de la calle Marqués de Santa Ana. Fotografía de Torre, Biblioteca Nacional de España, Madrid.

laciones de víctimas y direcciones de los siniestros por jornadas, entre el 23 de octubre y el 29 de noviembre de 1936. Finalmente, se elaboró también un listado de fincas afectadas por días, probablemente extractado a partir de las anteriores relaciones de víctimas.

Es preciso señalar que este listado es, junto con los registros de los libros de intervenciones de los bomberos, la fuente más completa, pues documenta más de 700 edificios, de los cuales casi la mitad se pueden encontrar también en otras fuentes.

Este importante documento, que podría ser copia de otro, no ha llegado hasta nosotros custodiado por el Archivo de Villa, como sería de esperar dado que fue generado por un organismo municipal, sino a través del Archivo del Comité Internacional de la Cruz Roja[13], al que, en algún momento durante la guerra, se encargó su custodia.

LOS DIBUJOS DE LOS ARQUITECTOS

Durante los primeros meses de bombardeos las emergencias fueron atendidas tanto por el Servicio Técnico Municipal de Socorro, dependiente de la Dirección de Arquitectura del Ayuntamiento de Madrid, como por la Junta Delegada del Tesoro Artístico, con la colaboración del Colegio de Arquitectos, el Sindicato Nacional de la Arquitectura e Ingeniería de la UGT, el Sindicato Único de Técnicos y la Comandancia de Obras y Fortificaciones del Ministerio de la Guerra (Bustamante, 1996, 85 y 88).

Con el fin de coordinar las diferentes tareas relacionadas con la protección y los efectos de los bombardeos, en abril de 1937 se constituyó el Comité de Reforma, Reconstrucción y Saneamiento de Madrid (CRRSM). Este comité se estructuró en diversas secciones dirigidas por arquitectos municipales, cada una con cometidos específicos: Socorro de fincas bombardeadas, Brigadas de desescombro [23], Conservación de apeos [24-25], Transportes, Almacenes de materiales y Estudios técnicos. Con una actitud metódica los arquitectos y aparejadores de la Sección de Socorro de fincas bombardeadas y de la Oficina de Estu-

---

[13] *Listes officielles des maisons détruites et des victimes des bombardements sur la ville de Madrid. Octobre 1936/Novembre 1936,* Centro Documental de la Memoria Histórica, Sig. ACICR, C_ESCI. 161.

[23] Muelles de desescombro del barrio de Argüelles en la calle de la Princesa, 1938. Comité de Reforma, Reconstrucción y Saneamiento de Madrid, *Memoria*.

[24] Croquis del apeo realizado por los técnicos del Servicio de Socorro de Bombardeos en el edificio núm. 12 de la calle Campoamor, dañado por el impacto de una granada de artillería. Comité de Reforma, Reconstrucción y Saneamiento de Madrid, *Memoria*.

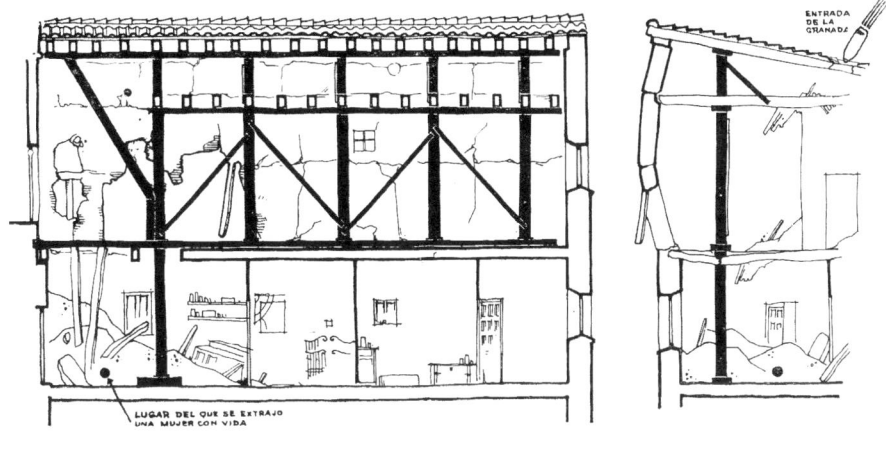

LUGAR DEL QUE SE EXTRAJO
UNA MUJER CON VIDA

ENTRADA
DE LA
GRANADA

Croquis del apeo realizado por los técnicos del Servicio de Socorro de Bombardeos.

dios Técnicos del Comité llevaron a cabo una catalogación, clasificación y levantamiento parciales [26] del estado de los inmuebles de la ciudad.

La documentación gráfica completa elaborada por el CRRSM sigue sin localizarse a día de hoy, pero es parcialmente conocida gracias a la memoria publicada en mayo de 1938, donde se da cuenta de la actividad desarrollada en su primer año de andadura. En la selección de planos y dibujos extractados para esta memoria se pueden apreciar el rigor y el empeño de los técnicos del CRRSM en documentar los daños en edificios con el fin de abordar, de la forma más sistemática, uno de los grandes problemas de la ciudad asediada y afrontar, con el conocimiento necesario, la posterior reconstrucción.

Según la *Memoria,* la Oficina de Estudios Técnicos trabajó con reproducciones de las hojas del plano parcelario de Madrid a escala 1/2.000, representando con diferentes tramas el grado de deterioro en cada finca (CRRSM, 1938, 21). Esta documentación gráfica constituye un antecedente inmediato del *Bomb*

[25] Croquis del apeo realizado por los técnicos del Servicio de Socorro de Bombardeos en el edificio núm. 16 de la calle de Embajadores, dañado por el impacto de una granada de artillería. La sección de la derecha indica la manera en que el proyectil penetró, atravesando el tejado, y luego explotó reventando el muro medianero y hundiendo parte del forjado. La sección de la izquierda indica el «lugar del que se extrajo una mujer con vida» de debajo de los escombros del forjado hundido. Comité de Reforma, Reconstrucción y Saneamiento de Madrid, *Memoria.*

REFORMA PARCIAL DEL CENTRO DE MADRID. ESTADO ACTUAL.

[26] Axonométrica de la plaza del Carmen en el estado posterior al bombardeo del 17 de noviembre de 1936. A la derecha de la imagen también se aprecian los restos de la iglesia de San Luis, cuyo incendio se provocó durante los disturbios del 13 de marzo de 1936. Comité de Reforma, Reconstrucción y Saneamiento de Madrid, *Memoria*.

Census y de los *Bomb Damage Maps* londinenses, y de ella solo se conserva un detalle correspondiente al barrio de Argüelles [27]. La información sobre el estado de los inmuebles después de los bombardeos en Londres fue recopilada por la policía local y personal militar y los destinatarios eran el Ministerio del Aire y los departamentos responsables de la defensa civil. En cambio, la información con la que el CRRSM elaboró los planos de edificios afectados en Madrid era facilitada por los técnicos de la Sección de Socorro de fincas bombardeadas que, dividida en doce equipos de distrito, acudían a los siniestros. Por tanto, a diferencia del *Bomb Census,* cuya finalidad tenía connotacioncs militares, el trabajo del CRRSM fue realizado por personal civil con una finalidad meramente civil: la reconstrucción de la ciudad cuando terminara la guerra. Además de los planos parcelarios con indicación del grado de afectación de cada edificio, la memoria publicada por el comité muestra también dibujos y croquis de inmuebles afectados, así como perspectivas axonométricas de algunas zonas, donde se describe el estado de los edificios tras los ataques.

De la ingente labor desarrollada por estos técnicos cabe destacar, por su calidad gráfica, las fotografías y los dibujos del arquitecto Teodoro de Anasagasti. Como colaborador con la Brigada de Socorro contra bombardeos ya antes de la constitución del CRRSM,

[27] Detalle del parcelario con el estado de las fincas, barrio de Argüelles. Comité de Reforma, Reconstrucción y Saneamiento de Madrid, *Memoria.*

Detalle del parcelario con el estado de las fincas.

documentó fotográficamente muchos de los edificios adonde acudió como técnico para luego trasladar las imágenes al dibujo [28]. Además, colaboró en una serie de artículos publicados en el periódico *Solidaridad Obrera* (Blasco y Goitia, 2014). En uno de ellos, publicado el 13 de noviembre de 1937, describía con palabras lo que en imágenes captaban su cámara y su mano:

Enfrente, esquina a la calle de Preciados, atrae, por lo insólito, un gran inmueble. Hueco, cual ingente cajón sin contenido [29], abierto en canal por los aviones, aún conserva en equilibrio inestable, en espera de otro resoplido, los grandes paredones de sus fachadas. La balaustrada de coronación está intacta; en el interior, lo que no quiso consumir el fuego, enhollinado; los huecos de fuera, siniestros, con el cerco calcinado.

En este edificio tenía su sede, sentó sus reales, de cara al pueblo, el Partido Radical. Allá en el ne-

fasto noviembre de 1936, las bombas incendiarias prendieron al edificio, que se aventó en pocos instantes. Los huecos vomitaban lumbre, y hacia lo alto, la llamarada de la descomunal antorcha iluminó, en el ámbito, la siniestra noche. Edificios de la misma vía, derrumbándose, alumbrados por la gran fogata, estaban ardiendo a su vez, envueltos en las nubes del polvo que se desprendía de las fábricas que se desmoronaban, a manera de olas de fuego[14].

En otro, publicado tres días después, describía el protocolo de actuación:

[29] Edificio núm. 10 de la Puerta del Sol, esquina a la calle Preciados, destruido en el incendio provocado por el bombardeo del 8 de noviembre de 1936, descrito por Teodoro de Anasagasti en su artículo publicado el día 13 del mismo mes para la Junta Delegada de la Defensa de Madrid. Biblioteca Nacional de España, Madrid.

---

[14] T. de Anasagasti, «La Puerta del Sol con los incendios, ruinas, embudos y derribos», *Solidaridad Obrera*, Barcelona, año VIII, núm. 1.731, 13 de noviembre de 1937, pág. 3; recuperado de la Hemeroteca Digital de la Biblioteca Nacional de España.

Al recibirse en la Brigada de Socorro contra Bombardeo el aviso telefónico del siniestro, originado por granada o bomba de aviación, se interroga al que requiere el auxilio sobre la cuantía y proporciones del siniestro: si se considera peligroso el estado de la finca, así como urgente su reparación, y, sobre todo, se demanda por las víctimas que pudiera haber. Cuando la llamada es apremiante, estando sepultada bajo los escombros alguna persona, inmediatamente el arquitecto jefe dispone la salida del pelotón de obreros y de los técnicos más experimentados que estén de guardia, poniéndose en conmoción el servicio en masa.

Palas, barras y picos en ristre se encaraman los obreros en la camioneta, mientras se telefonea a la ambulancia de la Cruz Roja [...]. En días de intenso bombardeo ha ocurrido que no se disponía, en el momento preciso, de ninguna camioneta. Ello no es obstáculo para que se deje de llegar a tiempo [...]. Por espíritu de solidaridad, los vecinos más animosos, si el accidente es leve, extraen de entre los cascotes a los heridos[15].

Paradójicamente, dos de las obras maestras de Anasagasti resultaron gravemente dañadas por las bombas: el edificio de los Grandes Almacenes Madrid-París y el Cine de la Ópera o Real Cinema, hoy tristemente desaparecido, no por efecto de las bombas, sino de la piqueta.

Además del trabajo de Anasagasti y de los documentos publicados en la memoria del CRRSM, contamos con una serie de planos parciales [30-31] que fueron fotografiados por José Lino Vaamon-

---

[15] T. de Anasagasti, «La práctica difícil de pulsar gritos y extraer víctimas soterradas bajo los escombros de las casas», *Solidaridad Obrera*, Barcelona, año VIII, núm. 1.733, 16 de noviembre de 1937, pág. 3; recuperado de la Hemeroteca Digital de la Biblioteca Nacional de España.

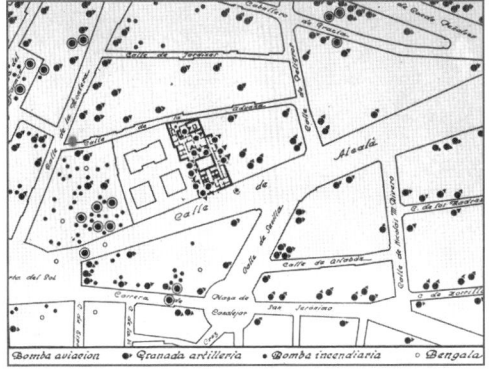

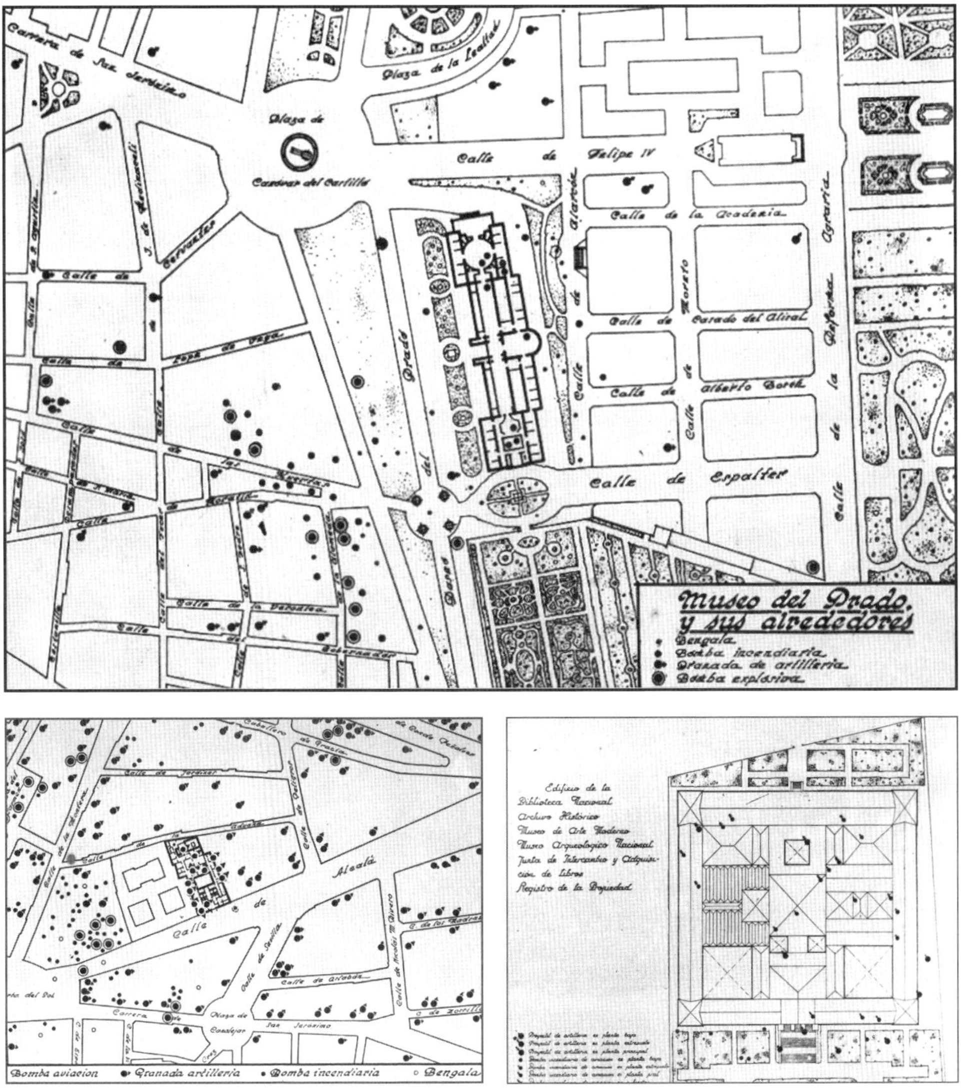

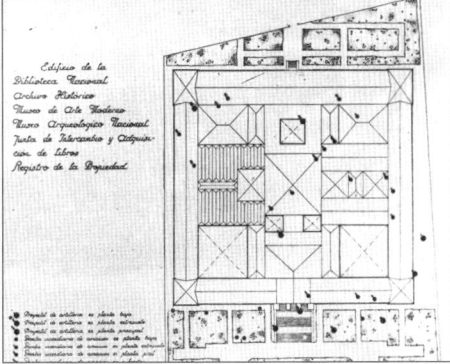

[30] Planos de los entornos del Museo del Prado, de la Real Academia de Bellas Artes de San Fernando y de la Biblioteca Nacional y Museo Arqueológico, indicando los impactos de los distintos tipos de proyectiles. Archivo Vaamonde, Instituto del Patrimonio Cultural de España.

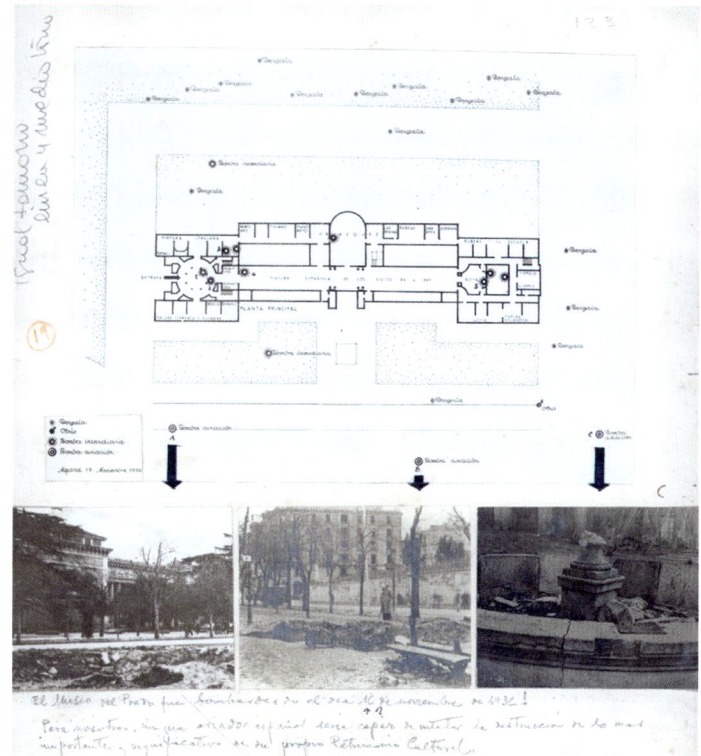

[31] Maqueta para publicación de reportaje sobre el bombardeo sufrido por el Museo del Prado en la noche del 16 de noviembre de 1936. Archivo Vaamonde, Instituto del Patrimonio Cultural de España.

de[16]. Vaamonde había sido nombrado arquitecto conservador del Museo del Prado y vocal arquitecto de la Junta Central del Tesoro Artístico en octubre de 1936[17]. No solo dirigió la operación de evacuación del tesoro de la pintura del Prado (otro refente para la posterior Europa en guerra) sino que, como Anasagasti, documentó con fotografías los efectos de los bombardeos sobre el patrimonio histórico artístico y sobre la ciudad. Estos planos, tres de los cuales se publicaron en la revista *5º Regimiento,* reflejan, en

---

[16] Archivo Vaamonde, Instituto del Patrimonio Cultural de España.

[17] http://dbe.rah.es/biografias/44253/jose-lino-vaamonde-valencia.

los alrededores de la Real Academia de Bellas Artes, del paseo del Prado y en el distrito de Congreso, los impactos de los proyectiles que se produjeron entre el 10 y el 30 de noviembre de 1936, distinguiendo entre bombas explosivas, bombas incendiarias y granadas de artillería. Finalmente, se conservan dos planos de los edificios de la Biblioteca Nacional y Museo Arqueológico y del Museo del Prado, donde se indican los impactos de las bombas incendiarias arrojadas el 16 de noviembre. Desconocemos si Vaamonde fue el autor material de estos planos, pero debió de tener relación directa con su elaboración dado que conservó entre sus papeles hojas de maqueta para su publicación.

LAS FOTOGRAFÍAS DE LOS REPORTEROS

La Guerra Civil española tuvo una enorme repercusión internacional, lo que se refleja en la gran cantidad de fotorreporteros y escritores que cubrieron el conflicto y, particularmente, sus repercusiones en Madrid, cuya caída en manos del ejército sublevado se daba por hecha en noviembre de 1936. Fue «el primer conflicto bélico seguido, día a día, tanto por fotógrafos españoles como por aquellos llegados de todo el mundo» (De las Heras, 2015, 8). Entre los primeros se cuentan Manuel Albero y Francisco Segovia, Marín, José María Casariego, Alfonso, Santos Yubero, Agustí y Lluís Centelles, Lluís Torrens, Luis Vidal Corrella, los hermanos Mayo, Ángel y Julián Atienza, etc., y entre los segundos destacaron Robert Capa [32], Gerda Taro[18], Jean Moral, David Seymour, Luis Bressange, Walter Reuter... Hasta 113 fotorreporteros llegó a ha-

[32] Portada del número del 10 de diciembre de 1936 de la revista *Regards*, «La capital crucificada», con una imagen captada por Capa.

---

[18] Seudónimos tras los que estaban Endre Ernö Friedmann y Gerda Pohorylle. Gerda Taro fallecería en nuestra guerra.

ber en Madrid trabajando para periódicos y revistas (De las Heras, 2009, 146).

A pesar de que una buena parte de las fotografías realizadas fue destruida al acabar la guerra, unas veces por sus autores, para evitar represalias, y otras por los vencedores, al considerarlas de poca utilidad, gran cantidad de ellas se han conservado e informan de la destrucción de Madrid, bien como protagonista de las imágenes, bien como escenario donde los protagonistas son, generalmente, sus habitantes. Las imágenes consultadas para este trabajo proceden principalmente de las colecciones de la Biblioteca Nacional de España y del Archivo Fotográfico de la Delegación de Propaganda de Madrid, conocido como Archivo Rojo[19]. No obstante, se han consultado también otros fondos y archivos, entre los que podemos destacar el Archivo Histórico del Partido Comunista de España[20], el Archivo Vaamonde[21], la fototeca de la agencia EFE, una selección de la colección de fotografía de José Latova[22] y la colección Juan Miguel Pando Barrero[23], entre otros.

La mayor parte de las fotografías carece de una descripción precisa de la ubicación de las imágenes. En ocasiones puede aparecer manuscrita en el dorso del documento, pero no pocas veces esta ubicación es errónea o imprecisa. Ha sido necesario un proceso de identificación de los edificios a partir de las referencias que contienen las imágenes. Estas referencias

---

[19] Archivo General de la Administración.

[20] Biblioteca Histórica de la Universidad Complutense de Madrid.

[21] Instituto del Patrimonio Cultural de España.

[22] http://www.cronicasderetaguardia.es/indexapart.htm, agencia de fotografía ASF.

[23] Museo Nacional Centro de Arte Reina Sofía.

visuales han permitido identificar la mayor parte de los edificios fotografiados, aunque ya no existan o su aspecto se haya visto alterado.

Aun así, un pequeño porcentaje de las fotografías hace imposible llevar a cabo esta identificación. Esto suele ocurrir cuando el encuadre es muy limitado y no muestra el entorno próximo y en fotografías de ámbitos urbanos alejados del centro de la ciudad, como las barriadas de Tetuán de las Victorias, Puente de Vallecas, Entrevías, Usera, Carabanchel o carretera de Extremadura, donde el tejido urbano ha sufrido tantas transformaciones que las referencias visuales han desaparecido.

Este proceso ha permitido identificar más de 700 edificios afectados por los bombardeos, lo que supone, de nuevo, solo una parte del total. Los documentos fotográficos no suelen indicar la fecha de los siniestros pero, en cambio, aportan información visual clave a la hora de evaluar el grado de destrucción de los inmuebles y el efecto de los diferentes tipos de proyectiles empleados.

Algunas de estas imágenes dieron la vuelta al mundo y permitieron dar a conocer un drama que a la ciudadanía europea le costó digerir y asumir como un nuevo escenario posible también en otros lugares del continente. Es el caso de la fotografía de Robert Capa de la casa acribillada por la metralla en el número 10 de la calle de Peironcely o la del edificio de la calle de la Ruda 19 [33].

Este último, como ha estudiado en profundidad Sebastiaan Faber (Faber, 2018), se convirtió en icono internacional del nuevo tipo de guerra, de un grado de destrucción nunca visto. Veremos la imagen en numeros montajes gráficos, desde carteles del Ministerio de Propaganda hasta piezas realizadas por las juventudes socialistas de Holanda.

El material fotográfico fue sometido a un estricto control por las autoridades. La Delegación de Prensa y Propaganda consideró que la publicación de numerosas imágenes de la destrucción que se estaba produciendo podía ser contraproducente, no solo por el efecto negativo que pudiera causar en la moral de combatientes y habitantes, sino también por la cantidad de información que podía estar facilitándose al enemigo sobre los efectos reales de sus ataques: «Las reproducciones fotográficas son al mismo tiempo que medios eficacísimos para la propaganda, elementos peligrosos que pueden revelar al enemigo datos de interés para la ofensiva»[24]. De hecho, hay constancia documental de los daños producidos en muchos edificios oficiales (generalmente ministerios) y militares (cuarteles e industria de guerra) de los que no trascendieron imágenes. Solo trascendieron imágenes y datos con-

[33] La imagen del núm. 19 de la calle de la Ruda, destruido el 8 de noviembre de 1936, se convirtió en un icono de los bombardeos sobre Madrid, y se utilizó en numerosas producciones gráficas. Fotografía de Luis Lladó, Biblioteca Nacional de España, Madrid.

---

[24] Delegación de Propaganda y Prensa, Boletín Oficial de la Junta Delegada de Defensa de Madrid, 1 de enero de 1937, pág. 2 (De las Heras, 2009, 135).

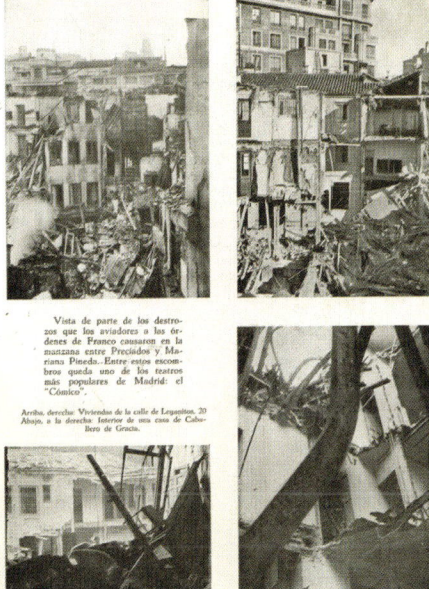

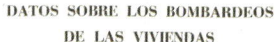

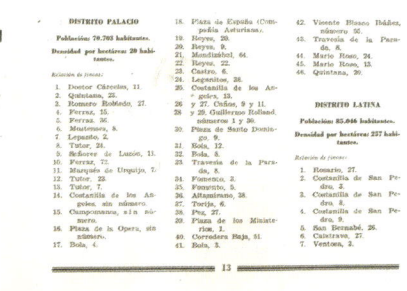

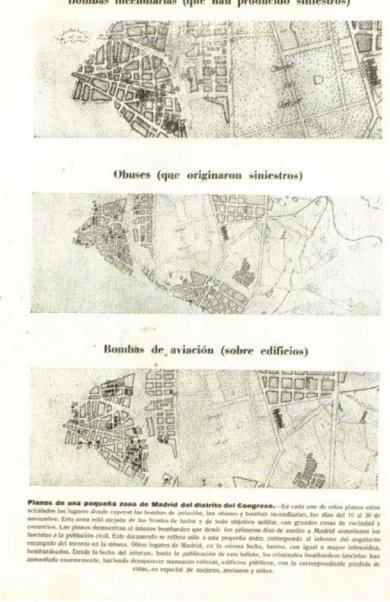

[34] Portada y selección de páginas interiores del número «Bombardeos fascistas» publicado por Ediciones 5° Regimiento. Centro Documental de la Memoria Histórica.

cretos de daños provocados en algunos edificios que tuvieron especial repercusión internacional, como los bombardeos del palacio de Liria, del Museo del Prado o de la Biblioteca Nacional.

De lo que se publicó en prensa sobre los bombardeos en Madrid, lo más destacable por la cantidad de información que ha aportado a este estudio es el monográfico «Bombardeos fascistas», número 8 de la revista *Documentos históricos,* publicada por Ediciones 5º Regimiento [34]. En este número, con un marcado carácter reivindicativo, se publicaron hasta 67 imágenes de los efectos de los bombardeos sobre la ciudad y sus habitantes. Además, se publicaron tres planos del distrito de Congreso donde se señalaron los impactos de los proyectiles. Sin embargo, la información más exhaustiva publicada en el número es el listado, por distritos, de las direcciones postales de 402 edificios afectados por los bombardeos entre los días 1 al 19 de noviembre y 6 al 12 de diciembre de 1936. Solo en el caso de algunos inmuebles singulares están identificados por el nombre popular con que se conocían, como el Teatro Cómico, el Palacio Nacional (Palacio Real), la Editorial Casa Calpe o la iglesia de San Lorenzo. Este listado, redactado, según el propio artículo, por los Equipos de Socorro de Arquitectura, no aporta información en cuanto al grado de afectación de los edificios o la fecha concreta del siniestro.

OTRAS FUENTES

Las fotografías aéreas han constituido otro importante recurso para documentar la destrucción sufrida por Madrid durante la Guerra Civil. Estas imágenes difieren por su naturaleza, su origen y su motivación, de las fotografías tomadas a pie de calle. Si estas son obra de los reporteros que trabajan sobre el terreno para dar cuenta de los estragos de la guerra, aquellas fueron tomadas por aviadores militares [35]. Muchas de ellas corresponden a vuelos de reconocimiento de la aviación sublevada durante la contienda[25] y permiten apreciar los efectos de los bombardeos en la ciudad antes de terminada la guerra, aunque el ámbito fotografiado más en detalle es la zona de Argüelles y Ciudad Universitaria.

Extraña, sin embargo, la ausencia de fotografías aéreas tomadas por los aviones atacantes durante las operaciones diurnas, al modo en que fueron tomadas las imágenes que conservamos de los bombardeos de Guernica, Barcelona, Alicante y muchas otras poblaciones de Levante. Con seguridad debieron de tomarse también en los ataques a Madrid, dado el carácter experimental, desde el punto de vista del armamento y de la táctica militar, que dieron los militares alemanes e italianos a los bombardeos de poblaciones durante la contienda española.

Por otro lado, son relevantes las imágenes del vuelo fotogramétrico realizado por la aviación estadounidense en 1941[26]. Los fotogramas de este vuelo [36] cubren, con una calidad de imagen extraordinaria, la mayor parte del casco urbano de entonces[27]. Aunque estas imágenes no permiten identificar daños de poca extensión en los edificios, como los provocados

---

[25] Archivos Histórico del Ejército del Aire y General Militar de Ávila.

[26] Archivo Cartográfico del Ayuntamiento de Madrid.

[27] Los límites aproximados del ámbito fotografiado en el vuelo de 1941 son la calle de Fernando el Católico y el paseo del General Martínez Campos por el norte; las calles de Serrano y Alfonso XII por el este, y el río Manzanares por el sur y el oeste.

por obuses o granadas de artillería (la mayor parte de ellos habrían sido ya reparados para facilitar la habitabilidad), permiten apreciar con claridad los edificios que han sufrido daños de consideración y que todavía no han sido reparados o reconstruidos. En concreto, estos fotogramas han permitido confirmar la destrucción de numerosos edificios documentada en otras fuentes e identificar muchos otros, que se ubicaban en zonas a las que apenas habían acudido bomberos, policías, arquitectos municipales ni fotógrafos por estar muy próximas al frente, como la cornisa del Manzanares o el actual distrito de Arganzuela. Cabe señalar como dato relevante la identificación de numerosas cubiertas de edificios que ardieron total o parcialmente por efecto de las bombas incendiarias.

Para completar lo más posible el inventario de edificios afectados por los bombardeos se han consultado otras fuentes documentales, aunque cuantitativamente han aportado mucha menos información que las anteriores.

De los documentos militares se han podido obtener algunos datos sobre edificios afectados por los bombardeos a partir de las órdenes de operación aéreas de la Jefatura del Aire Nacional en Madrid, de los partes de operación aérea de la aviación sublevada, de los partes de guerra republicanos y de los boletines diarios de información del Estado Mayor, referidos todos ellos en la extensa obra de Manuel de Vicente en la que lleva a cabo una ardua tarea de recopilación de documentos relacionados con la guerra en Madrid (De Vicente, 2014b). No obstante, aún no se ha llevado a cabo un rastreo sistemático de toda la documentación existente en los archivos militares sobre las operaciones de bombardeo sobre Madrid. Por otro lado, las órdenes de operación solo especifican objetivos,

[35] Detalle de fotografía aérea. En primer plano el paseo del Pintor Rosales con el Cuartel de la Montaña a la derecha. Archivo Histórico del Ejército del Aire.

[36] Detalle de fotograma del vuelo de 1941 correspondiente al barrio de Argüelles. Archivo Cartográfico del Ayuntamiento de Madrid.

y los partes no suelen informar de edificios concretos afectados más que en casos singulares.

Como ejemplos del tipo de información que se puede encontrar en estos documentos mencionamos el parte de la Jefatura del Aire del ejército sublevado correspondiente a las 18 horas del día 18 de noviembre de 1936:

> Se observaron los siguientes incendios: Hospital de San Carlos, edificios de «Madrid-París», en el que se notaban, además, grandes boquetes en la parte superior. Parece probable que el Ministerio de la Gobernación estuviese también incendiado, pues gran humareda parecía provenir de él. El Cuartel de la Montaña ardía también (De Vicente, 2014d, 3.731).

O el de la misma hora del día siguiente:

> Se observaron incendios en la calle de Peligros, Hotel Savoy, calle Montera (esquina Puerta del Sol), Génova, el del Cuartel de la Montaña aún continúa, calle de Alcalá (entre Sol y Ministerio de Hacienda), Cristo de Medinaceli, una manzana comprendida entre Jorge Juan, Villanueva y Castelló, otro sin localizar próximo a Manuel Becerra (De Vicente, 2014d, 3.733).

También se conserva cartografía municipal especialmente interesante como fuente de datos para el caso que nos ocupa. Se trata de los llamados «Catastrones», nombre por el que se conoce a los pliegos del plano parcelario de Madrid dibujado en color a escala 1/500 durante los primeros años de la década de 1940[28]. Estos planos reflejan el estado de la ciudad en la inmediata posguerra, cuando apenas había comenzado la reconstrucción de la mayor parte de los

---

[28] Archivo Cartográfico del Ayuntamiento de Madrid.

edificios que resultaron irrecuperables a consecuencia de los bombardeos, y figuran con los códigos correspondientes a «solar» (en blanco) o «en ruinas» (en blanco y con contorno rojo a trazos). No obstante, para constatar que las fincas solares se encontraban edificadas ya antes de los bombardeos, se ha procedido a contrastar los «Catastrones» [37] con los fotogramas realizado en el vuelo de 1929.

Finalmente, se han considerado también numerosas descripciones de los bombardeos y de sus efectos en monografías historiográficas como las de Montoliú (2000), Solé y Villaroya (2003) o Andrés (2017), y en diarios y memorias escritos por testigos presenciales de los acontecimientos. Muchos de ellos eran habitantes de Madrid, pero otros eran extranjeros, generalmente corresponsales de prensa que vinieron a cubrir los sucesos de la guerra. Entre los numerosos testimonios existentes cabe destacar los de Délano (1937), Grieg (1937) [38], Cuarental (1992), Chueca (1996) y Koltsov (2009), aunque, en general, estos suelen hacer referencias centradas en aspectos más humanos, en los daños personales y en las reacciones de la gente, poco precisas en cuanto a la identificación y evaluación de los inmuebles afectados. Entre las descripciones más explícitas podemos citar la de Elisa Cuarental cuando narra uno de los bombardeos del día 20 de noviembre de 1936 [39]:

> Cayeron las bombas de gran potencia; bastó solo una de ellas para echar abajo la Iglesia de San Sebastián. El templo entero se vino abajo, los cascotes del derrumbamiento taparon la calle de San Sebastián hasta el segundo piso del caserón de enfrente, por cuyo balcón central, situado dos pisos más arriba del portal obstruido, tenían que penetrar en sus domicilios los vecinos del edificio.

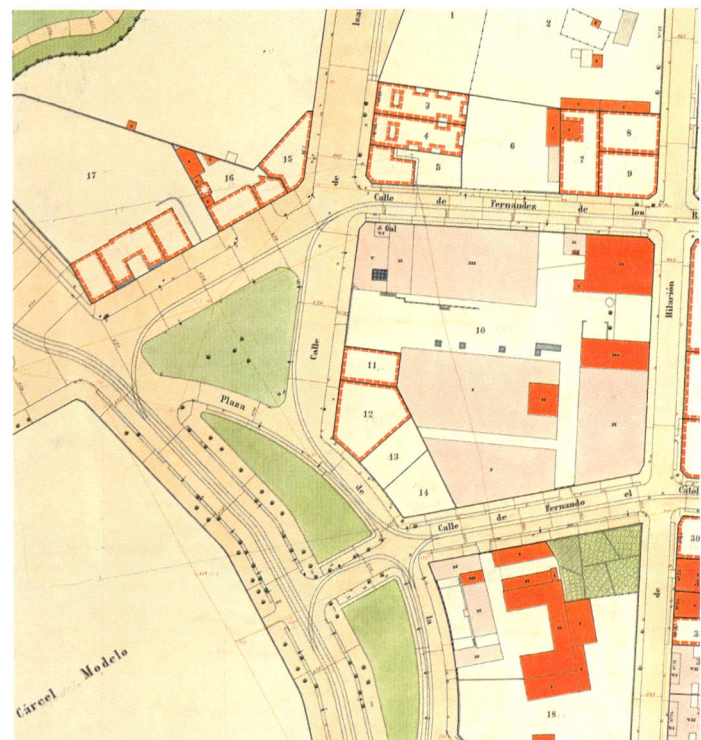

[37] Detalle correspondiente a la plaza de la Moncloa del plano parcelario de Madrid trazado al finalizar la guerra y conocido como «Catastrón». Archivo Cartográfico del Ayuntamiento de Madrid.

[38] Cubierta de la primera edición de *Verano español* publicada en Noruega en noviembre de 1937.

La segunda bomba fue la que dejó personas enterradas en un sótano de la casa de Avial (creo que era una firma ya desaparecida) situada entre la plaza del Ángel y la calle de Espoz y Mina. Todos los vecinos refugiados en el sótano, quedaron atrapados durante tres días hasta que los pudieron sacar. La mayoría estaban vivos, pero hubo varios muertos.

La tercera bomba cayó en la entrada de la Carrera de San Jerónimo, esquina a Sol; toda la calle de acera a acera era un boquete profundo y negro, pero más horrible era el de la cuarta bomba que había hecho un cráter, también de acera a acera, todo lo ancho de la calle de Alcalá, esquina a la Puerta del Sol; este no era oscuro, había penetrado hasta el metro, dejando al descubierto los raíles y los vagones que se podía contemplar desde la superficie. No puedo asegurar si fue una quinta bomba o la misma

[39] Una de las bombas de gran potencia arrojadas el 20 de noviembre de 1936 perforó la embocadura de la calle Alcalá junto a la Puerta del Sol hasta el túnel del metro. Fotografía de Luis Lladó, Biblioteca Nacional de España, Madrid.

que había hundido la calle, lo que es cierto es que las casas donde hoy está el edificio de la Caja del Monte de Piedad (hoy Caja Madrid) y el callejón que hay entre este y el antiguo Ministerio de Hacienda era un amasijo de vigas de hierro retorcidas como si se tratara de horquillas de moño (Cuarental, 1992).

Además de estos testimonios, es preciso señalar las obras de escritores de primera línea, como *La llama,* de Arturo Barea (1977); *Telefónica,* de Ilsa Barea-Kulcsar (2019); *Memoria de la melancolía,* de María Teresa León (2020), o *Confieso que he vivido,* de Pablo Neruda (1977), entre otras. Especialmente interesantes son las descripciones de su relación personal con la arquitectura y la ciudad que habitaron (Fogo, 2012).

LOS EFECTOS DE LOS BOMBARDEOS

Gracias a las fuentes descritas, hasta la fecha se han podido documentar 2.203 edificios dañados, en mayor o menor medida, por efecto de las bombas. Como ya se ha indicado, raramente estas fuentes especifican simultáneamente el dónde, el cuándo y el cómo de cada siniestro. Sin embargo, el análisis del conjunto de datos obtenidos permite comprobar que los parámetros estudiados están íntimamente relacionados entre sí. Fechas, lugares, tipo de armamento y grado de destrucción no son parámetros independientes. De este modo, el conocimiento de uno o dos de ellos permite en muchos casos deducir con el suficiente grado de aproximación los datos que faltan. La realidad de los bombardeos sobre Madrid se presenta, así, como un gran mosaico de datos del que conocemos una parte muy apreciable de sus teselas, las cuales nos permiten plantear con un grado razonable de aproximación cómo fueron muchas otras de las tese-las desaparecidas por el paso del tiempo.

Por ejemplo, del análisis de la distribución de los impactos, conociendo la fecha del bombardeo, se pueden extraer relaciones y deducir patrones de ata-que. Especialmente en el caso de los bombardeos aéreos, los edificios dañados suelen ser colindantes o muy próximos. Se agrupan en forma de «racimos» a lo largo de una directriz y se puede, en muchos casos, intuir la trayectoria de las aeronaves y la secuencia de las detonaciones. La mayor parte de estas trayec-torias parecen alinearse en dirección aproximada norte-sur [40].

Podemos tomar como caso ilustrativo el bombar-deo del día 16 de noviembre de 1936. Se llevó a cabo desde las siete de la tarde, una vez anochecido, y afec-tó a un amplio abanico de zonas desde el sureste de la ciudad hasta el noroeste, incidiendo con especial in-tensidad en el barrio de las Letras. En este ámbito los patrones de los edificios afectados parecen agruparse en racimos a lo largo de cuatro directrices principales, que coinciden aproximadamente con los cursos del paseo del Prado y de las calles de la Alameda, de San Pedro y de San Agustín. Esa misma noche, además de causar la mayor parte de la destrucción documentada en el barrio de las Letras, se arrojaron bombas incen-diarias sobre el Museo del Prado, la Biblioteca Nacio-nal y algunas calles aledañas de ambos edificios.

Frente a la concentración de los bombardeos aéreos en el tiempo y el espacio, los bombardeos arti-lleros fueron permanentes durante casi toda la guerra y afectaron prácticamente a la totalidad de la ciudad. La reiteración de ataques artilleros sobre los mismos ámbitos en diferentes fechas no permite atribuir la proximidad entre impactos a un mismo ataque. Salvo aquellos siniestros cuya fecha podemos conocer por

[40] Bombardeos aéreos sobre el barrio de las Letras. Los edificios afectados se agrupan a lo largo de líneas identificables con las trayectorias de los aviones.

[41] Impactos sobre la fachada del edificio de Telefónica, en las anotaciones de Cárdenas y en fotografía. Navascués (1984) y fotografía de Albero y Segovia, Biblioteca Nacional de España, Madrid.

la intervención de los bomberos, es difícil concretar el momento de los impactos.

Se puede afirmar que no hubo zona de la ciudad libre de impactos de artillería, aunque se ha constatado que su distribución no fue completamente uniforme en todos los barrios de la ciudad: hubo una densidad notablemente menor de siniestros en el barrio de Salamanca y una concentración de impactos en las zonas entre la plaza de la Moncloa y la calle del Marqués de Urquijo, así como entre las calles de Alcalá y la Gran Vía.

El de Telefónica destaca como un caso singular [41]. Observatorio militar, centro neurálgico de las comunicaciones telefónicas y refugio durante la guerra, no solo constituía un blanco a batir por la artillería atacante sino que, por su altura y localización, fue también un punto de referencia inmejorable para corregir el tiro en el acecho a otros objetivos de la ciudad. Los 120 impactos de cañón que sufrió el edificio fueron dibujados a mano sobre los planos de las fachadas por su arquitecto, Ignacio de Cárdenas, encargado de dirigir el mantenimiento durante la guerra (Navascués, 1984, 161). La práctica totalidad de dichos impactos se produjo en la cubierta, en su fachada occidental, orientada en dirección al cerro Garabitas, y en su fachada meridional, orientada en dirección al Cerro de los Ángeles, ambos lugares donde se ubicaban las baterías de artillería.

El análisis y el entendimiento del tipo de armamento empleado en los bombardeos sobre Madrid, sin entrar en detalles propios de especialistas en la materia, son pertinentes por cuanto están directamente relacionados con la cronología de los acontecimientos y, sobre todo, porque explican los efectos y el grado de destrucción en el patrimonio edilicio de la ciudad.

Los obuses o proyectiles de artillería [42] se disparaban desde las baterías instaladas en los cerros de Garabitas, en la Casa de Campo, y de los Ángeles, a doce kilómetros al sur de la ciudad. Aunque la capacidad destructiva de los obuses variaba en función de su calibre, en general provocaban daños localizados y limitados en los elementos constructivos: boquetes de mayor o menor tamaño en fachadas, cubiertas, forjados o pavimentos de vías públicas. No obstante, para comprender la extensión del efecto provocado por los bombardeos artilleros sobre la ciudad, es preciso apuntar la cantidad de proyectiles lanzados:

> Los partes republicanos estimaban que un bombardeo artillero enemigo sobre el casco de Madrid era importante cuando superaba los seiscientos disparos realizados en un mismo día. Hay que destacar que una media de la actividad artillera normal de los nacionales, sin grandes bombardeos, era del orden de los cuatrocientos a quinientos disparos decenales; es decir, unos cuarenta o cincuenta cada día (De Vicente, 2014a, 196).

En cuanto a las bombas arrojadas desde los aviones, eran básicamente de dos tipos: explosivas o incendiarias. La capacidad destructiva de las primeras variaba también en función de su carga. Hasta noviembre de 1936 solían emplearse de 10 kg, una potencia reducida como para provocar daños graves en edificios[29]. En noviembre y diciembre de 1936 y enero de 1937 se emplearon ya bombas de 50, 100 y 250 kg, potencias explosivas suficientes como para destruir total o parcialmente un edificio, según su tamaño, o como para producir grandes cráteres en las vías públicas.

Las bombas incendiarias pesaban entre 2 y 5 kg y generaban temperaturas de hasta 3.000° en uno o varios focos. Se arrojaban gran cantidad de una sola vez para garantizar numerosos focos de incendio en la mayor cantidad posible de inmuebles. En una ciudad como el Madrid de los años treinta la mayoría de los edificios estaban construidos con soluciones tradicionales: estructura vertical de pies derechos de madera con relleno de ladrillo, forjados de vigas y viguetas de madera y tejado inclinado con estructura también de madera. La probabilidad de que estas bombas provocaran grandes incendios difíciles de extinguir era muy elevada.

La gravedad de los daños provocados por las bombas incendiarias variaba mucho en función de diferentes factores: la densidad de edificación de las zonas bombardeadas, el tipo y configuración de las cubiertas donde caían, la intervención más o menos rápida

---

[29] Es necesario insistir en que este estudio no analiza las consecuencias personales de los bombardeos. La explosión de una bomba de 10 kg podía matar o herir gravemente a transeúntes u ocupantes de un inmueble, incluso en los casos en que los daños en los edificios fueran superficiales. Con la misma lógica han de entenderse los efectos de los miles de obuses de artillería lanzados contra la población.

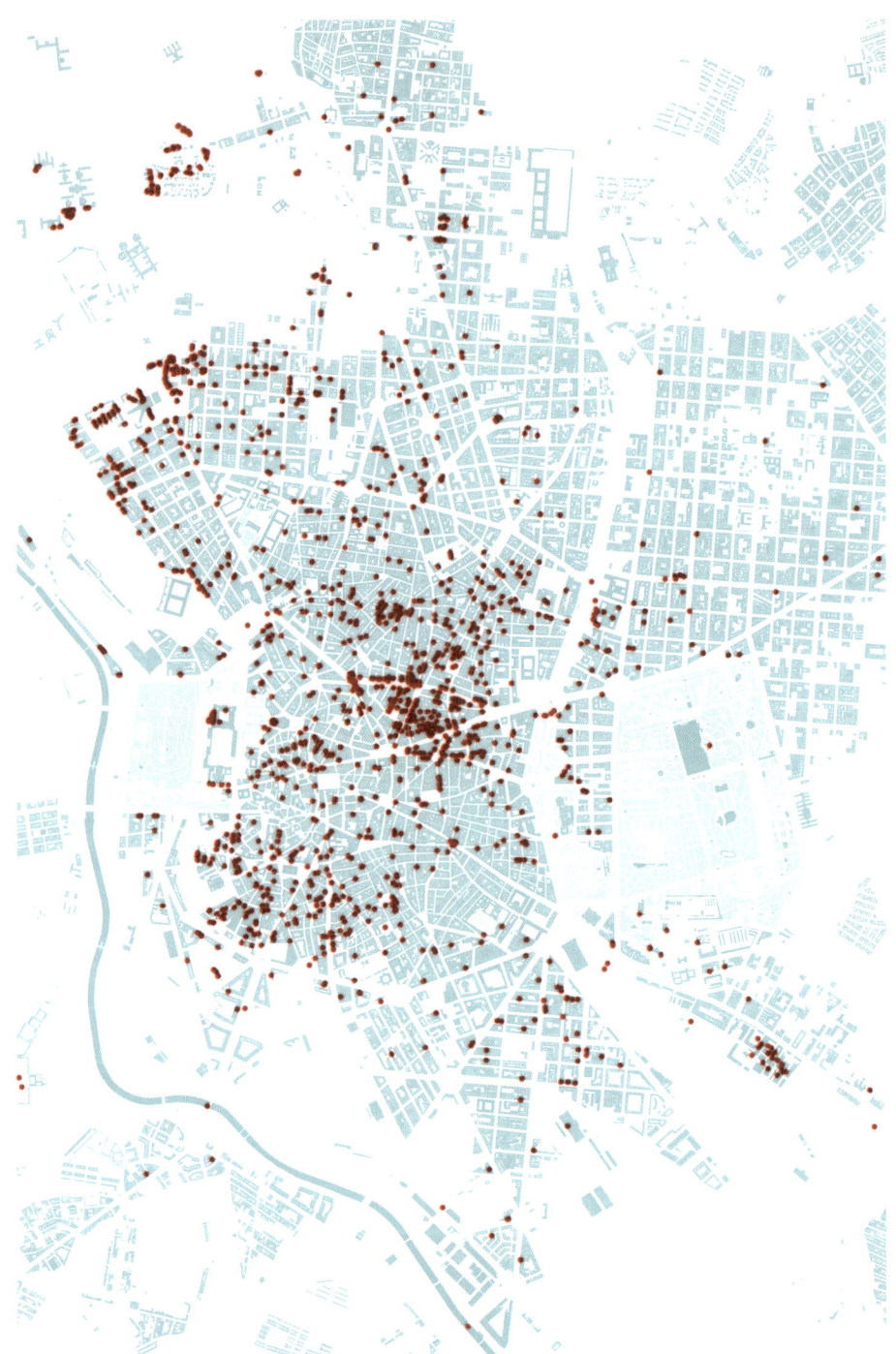

[42] Impactos de proyectiles de artillería documentados en Madrid entre 1936 y 1939.

del cuerpo de bomberos o de los mismos habitantes para extinguir el fuego y la misma suerte. Cuando todos estos factores jugaron favorablemente, como fue el caso del Museo del Prado o la Biblioteca Nacional, se pudo contener el desastre. En otros donde las circunstancias se conjuraron en contra, la destrucción de los edificios fue casi total: el palacio de Liria, el edificio núm. 10 de la Puerta del Sol, la antigua Diputación Provincial, el mercado y algunos edificios de la plaza del Carmen, etc. Entre estos dos extremos se dio una gran variedad de casos. Hubo multitud de edificios cuyas cubiertas y última planta fueron total o parcialmente destruidas por efecto del fuego.

De hecho, en Madrid se empezó a experimentar con la combinación de diferentes tipos de bombas, explosivas e incendiarias, con el fin de comprobar la capacidad de las segundas para potenciar el efecto destructivo de las primeras. En este caso, definido como «bombardeo mixto completo» (De Vicente, 2.014b, 2.410-2.411) cada avión alemán Junker descargaba ocho bombas de 50 kg, 32 bombas de 10 kg y 282 bombas incendiarias.

Dada la heterogeneidad en la intensidad de los daños producidos en los edificios, que varía desde daños superficiales hasta la destrucción total, el mero señalamiento de edificios afectados es un parámetro insuficiente que puede dar lugar a una comprensión equívoca o simplista de la intensidad de destrucción de la ciudad. Proponemos una escala cualitativa para definir el grado de afectación o destrucción de los edificios que sufrieron daños, tomando como referentes las escalas empleadas en los estudios del CRRSM y en los *Bomb Damage Maps*[30]:

---

[30] La escala del CRRSM distinguía entre: *destruida, semidestruida buenas condiciones, semidestruida malas condiciones, afectada, ligeramente afectada* e *indemne*. Las dos clases de *semi-*

[43] De izquierda a derecha y de arriba abajo: destrucción del mercado y otros edificios de la plaza del Carmen por bombas incendiarias (Foto Mayo); destrucción del palacio del marqués de la Torrecilla, en la calle de Alcalá 3, mediante bombas explosivas e incendiarias (Foto Mayo); destrucción de los edificios de las calles de la Alameda 3 y Leganitos 20 por bombas de gran potencia. Biblioteca Nacional de España, Madrid.

Destruido [43]: designa edificios completamente destruidos o de los que solo permanecen en pie ele-

destruidas podían responder a un criterio de seguridad frente a la posibilidad de derrumbamientos.

La escala de los *Bomb Damage Maps* establecía una graduación más detallada que atendía a las posibilidades de reparación: *total destruction, damaged beyond repair, seriously damaged - doubtful if repairable, seriously damaged - repairable at cost, general blast damage - not structural* y *blast damage - minor in nature*.

CARTOGRAFÍA DE LA DESTRUCCIÓN

[44] Efectos de las bombas de la aviación en los edificios de Madrid. De izquierda a derecha y de arriba abajo: calle de Viriato 39, avenida de la Ciudad de Barcelona 17; incendio de cubierta en la calle del Barquillo 40. Fotografía Antifatot, Biblioteca Nacional de España, Madrid.

mentos aislados como muros o paños de fachada. Suele ser el caso de edificios alcanzados por bombas de aviación de gran potencia (250 kg) o que han sufrido grandes incendios.

Semidestruido [44]: designa edificios cuya estructura ha sido gravemente dañada, aunque el inmueble pueda permanecer parcialmente en pie. Este suele ser el caso de edificios alcanzados por bombas de aviación dc potencia media (50-100 kg).

[45] Efectos de los proyectiles de artillería en la calle de la Montera 32B y 34, esquina Jardines; calle de la Victoria 7 (fotografías Albero y Segovia); cava de San Miguel 13 y 15, y calle de Fernando el Santo 7 (fotografías de Ángel y Julián Atienza Pérez). Biblioteca Nacional de España, Madrid.

Afectado [45]: designa daños graves pero puntuales o muy localizados y reparables, generalmente debidos al impacto de obuses, granadas de artillería o bombas incendiarias que hayan provocado incendios controlados (boquetes en fachadas o paños de forjados, cubicrtas incendiadas, etc.).

CARTOGRAFÍA DE LA DESTRUCCIÓN

[46] Efecto de la metralla en los edificios de la calle de Los Madrazo 18. Fotografía Antifatot, Biblioteca Nacional de España, Madrid.

Ligeramente afectado [46]: designa edificios con daños superficiales por efecto de la metralla o la onda expansiva (desconchones, carpinterías reventadas, vidrios rotos, etc.).

Sin datos: designa edificios afectados cuyo grado de deterioro no es posible determinar con la información actualmente disponible.

La asignación de un grado de la escala a un edificio solo ha sido posible cuando se ha dispuesto de documentación fotográfica que permitiera una evaluación visual de los daños del edificio o, singularmente, si hemos contado con información descriptiva. Dado que de muchos de los edificios afectados no existe documentación fotográfica directa o no se pueden apreciar los daños, cabe deducir que casi todos los edificios en los que no se ha podido determinar el grado de afectación los daños debieron de ser muy localizados o reparables. Como en cualquier escala cualitativa, queda un inevitable margen para la interpretación y el buen criterio del investigador.

[47] Efectos de las bombas de la aviación en las vías públicas de Madrid. De izquierda a derecha y de arriba abajo: calle de Hilarión Eslava esquina Rodríguez San Pedro; paseo de la Infanta Isabel y Carrera de San Jerónimo. Fotografías de Luis Lladó, Biblioteca Nacional de España, Madrid.

Por otro lado, hay que señalar que esta clasificación no considera los desperfectos provocados en los espacios públicos [47].

A su vez, como el alcance de los daños producidos está íntimamente relacionado con las características de las armas utilizadas, especialmente su carga explosiva, a partir de las imágenes fotográficas analizadas se pueden plantear hipótesis sobre el tipo de ataque sufrido.

Se comprueba en el análisis que, en relación con la cantidad de edificios documentados y la extensión de los ataques sobre casi la totalidad de la ciudad, la pro-

[48] Efectos de las bombas de la aviación en la iglesia que ocupaba el actual núm. 65 de la calle de Juan Álvarez Mendizábal. Fotografía Antifatot, Biblioteca Nacional de España, Madrid.

porción de edificios total o parcialmente destruidos no es alta (26%)[31], y su distribución coincide, según las hipótesis, con las zonas que sufrieron bombardeos aéreos intensos (como el barrio de Argüelles [48]), donde se emplearon mayor cantidad de bombas con

---

[31] Según las categorías planteadas, y con relación a la cantidad de edificios afectados documentados, podemos computar 247 edificios destruidos (11%), 328 semidestruidos (15%), 311 con daños localizados (14%), 52 con daños superficiales (2%) y 1.265 sin datos suficientes para valorar (58%).

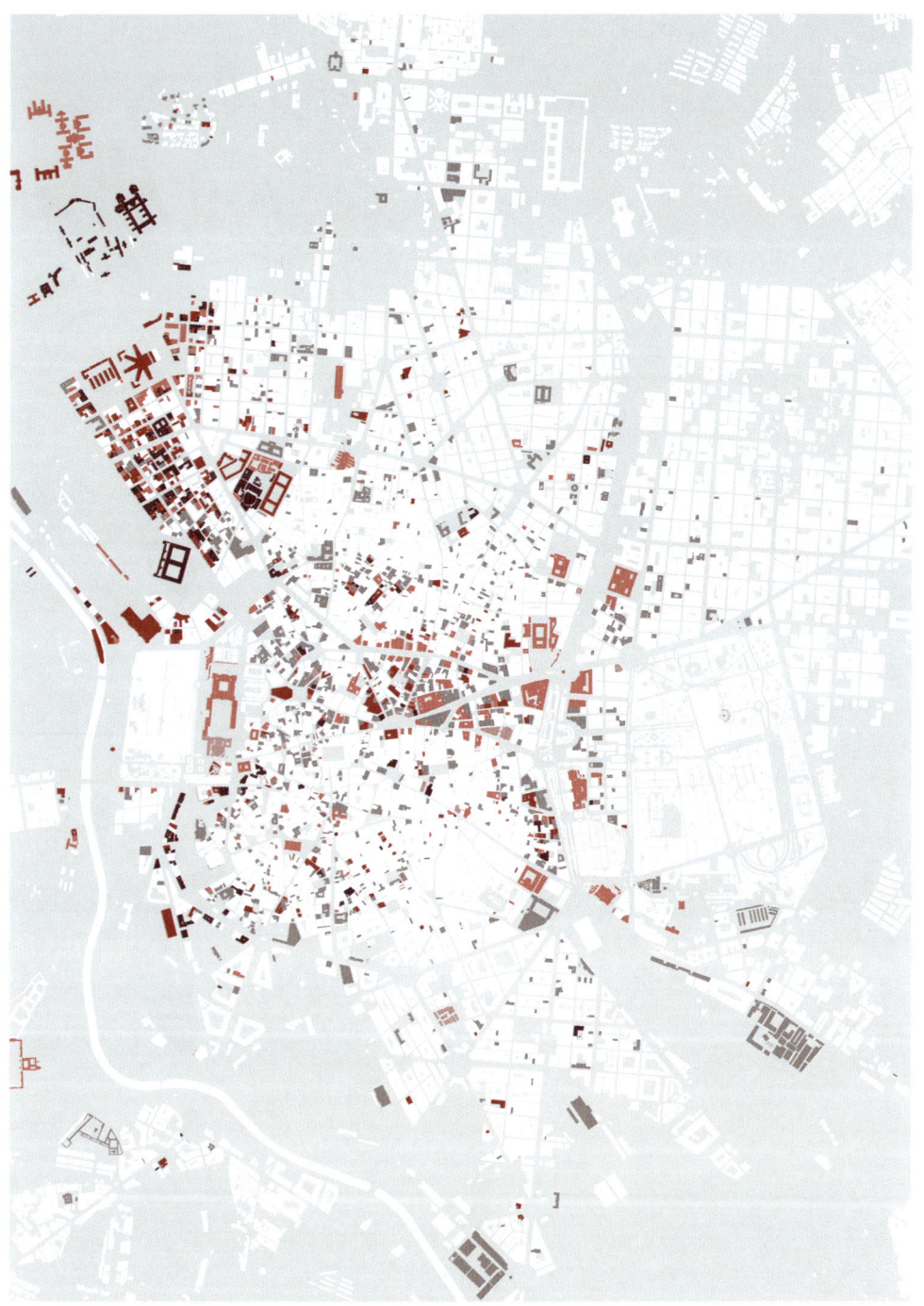

[49] Análisis gráfico de la intensidad de la destrucción provocada por los bombardeos sobre los edificios de Madrid.

gran capacidad destructiva. La mayor parte, tres de cada cuatro edificios afectados, sufrió daños muy localizados y, por tanto, de posible reparación.

Recientes estudios publicados, en el caso de Madrid, parecen explicar la motivación de la mayor parte de los bombardeos sufridos a partir de cierta lógica exclusivamente militar, dada la existencia en la ciudad de muchos edificios cuyo uso durante la guerra podía atribuirse a una finalidad militar directa o indirecta. A partir de los sucesivos listados de objetivos en Madrid redactados por los mandos sublevados, De Vicente (2014a, 176-177) señala que se consideraban como tales no solo cuarteles, edificios castrenses en sí, posibles observatorios o posiciones de baterías de artillería, sino también escuelas e iglesias destinadas algunas a polvorines o alojamiento de soldados, fábricas, gasolineras, sedes de sindicatos y milicias, ministerios y edificios gubernamentales, parques de bomberos, cocheras de tranvías, centrales de servicios, depósitos de agua, mercados, hospitales, etc. Estos objetivos, distribuidos por toda una ciudad, militarizada en la práctica por su condición de sitiada, justificarían por sí mismos el bombardeo de casi cualquiera de sus ámbitos urbanos. Sin embargo, a partir del estudio realizado, un 84% de los inmuebles dañados documentados resultaron ser edificios de viviendas [49].

DESARROLLO DE LOS BOMBARDEOS

El primer bombardeo aéreo sobre Madrid se produjo la noche del 27 al 28 de agosto de 1936. Un Junker-52 pilotado por Von Moreau, con el capitán García Morato de observador, lanzó unas bombas sobre el palacio de Buenavista, entonces Ministerio de la Guerra, y la estación del Norte (Solé y Villarroya, 2003, 45-46). Esta acción provocó la muerte de un cabo y varios heridos. Además, a modo de metáfora, provocó daños en el pilón de la fuente de Cibeles (Montoliú, 2000, 171), uno de los grandes símbolos de la ciudad [50]. Borkenau y Koltsov se refieren a esta primera agresión, que pilló desprevenidos a sus habitantes:

> Estábamos cenando y conversando juntos en un pequeño restaurante vasco cerca de la Gran Vía, cuando a eso de la medianoche se han oído dos pesadas explosiones bastante próximas. En la calle se ha producido una ligera confusión, pero casi nadie ha apagado las luces, siguieron brillando los enormes anuncios polícromos de neón, en cines y teatros. Solo unos diez minutos más tarde ha ululado la sirena; ha pasado varias veces a toda velocidad en motocicleta.
>
> Las bombas han estallado en el propio centro, en el jardín del Ministerio de la Guerra. Localizar este edificio es muy fácil, más aún de noche que de día, pues se encuentra exactamente en el cruce de brillantes líneas de farolas (la calle de Alcalá y la línea de los Paseos) [...].
>
> Desde los tiempos de la guerra mundial, esta es la primera incursión aérea sobre una ciudad civil. Es la primera, mas, por lo visto, no será la última. Hasta ahora los facciosos han bombardeado, sobre todo, objetivos militares. Ahora empiezan con la población civil (Koltsov, 2009, 75).

El frente estaba aún lejos de la ciudad. Este primer bombardeo y los que se produjeron, de forma muy esporádica, durante el mes de septiembre fueron, por la táctica empleada, comparables a los ataques aéreos de la I Guerra Mundial: incursiones de pocos aparatos que arrojaron bombas de escasa potencia explosiva, suficiente para causar víctimas

pero no para provocar graves daños en inmuebles. Solé y Villaroya ilustran estos primeros ataques refiriendo el relato del fotógrafo José Aguayo (Solé y Villarroya, 2003, 46):

[50] Imagen de los daños causados por los proyectiles en la estatua de la diosa Cibeles. Fotografía de José F. Aguayo, Biblioteca Nacional de España, Madrid.

> Uno de los primeros días que tiraron bombas yo iba en el coche de los jugadores del Madrid, que estaban movilizados y venían de entrenarse. Era por la tarde. Les había hecho fotos para los periódicos y bajábamos por Doctor Cortezo: al pasar por un tramo de la calle que era muy estrecho vimos un Junker que venía bajo, sobre las casas, desde el que estaban tirando bombas con la mano. Había tirado una en Embajadores, otra en Progreso y tiró otra en Doctor Cortezo. Nos salvamos porque nos dimos prisa en pasar aquel tramo. Si nos llegamos a parar nos hubiera alcanzado. Iba conduciendo Emilin, y en el coche creo que iban los hermanos Regueiro y Sañudo. Al salir de la calle salimos todos corriendo fuera del coche. De entre los muertos de

aquel bombardeo recuerdo a una muchacha de unos veinte años que se quedó allí en la calle. Eran unas bombas muy chicas, pero podían matar a una o dos personas.

Durante el mes de octubre, a medida que las tropas sublevadas se aproximaban a la capital por la carretera de Extremadura, los bombardeos aéreos se hicieron más frecuentes e intensos [51]. Los últimos días de octubre el número de víctimas se multiplicó proporcionalmente a la cantidad de bombas arrojadas, muchas de las cuales cayeron en zonas concurridas, como la salida del Teatro Calderón.

En la primera semana de noviembre las fuerzas sublevadas llegaron a las puertas de Madrid por el sur y el suroeste. Las baterías de artillería, apostadas en la Casa de Campo, detrás del cerro Garabitas, y en el Cerro de los Ángeles, tenían a tiro toda la ciudad. El sábado 7 de noviembre dio comienzo el intento de asalto cruzando el río Manzanares desde las posiciones de la Casa de Campo. Entonces se produce un salto cuantitativo y cualitativo en la táctica y planificación de los bombardeos.

El análisis de las horas registradas de las intervenciones de los bomberos permite deducir un patrón temporal o cierta rutina en los bombardeos del mes de noviembre: con las primeras luces del día comenzaban los disparos de la artillería, cuyo rastro de humo señalaba los objetivos a la aviación, y solo cesaban cuando hacían aparición las primeras aeronaves. Una vez estas habían arrojado su carga, la artillería reanudaba su actividad. La aviación, procedente de los aeropuertos de Salamanca, Ávila, Navalmoral, Arenas de San Pedro y Talavera (De Vicente, 2014d, 2.176), solía bombardear por las mañanas las zonas próximas al frente, cuando la visibilidad era óptima,

con el fin de dar apoyo y preparar el terreno de las fuerzas atacantes de tierra: Ciudad Universitaria, Argüelles, proximidades y cornisa del río Manzanares, puente de Segovia, paseo de Extremadura, puente de Toledo, Usera, etc. Por la tarde, o cuando caía la noche y la visibilidad era deficiente o nula, salvo la escasa iluminación de las bengalas, la aviación bom-

[51] Bombardeo del 30 de octubre de 1936 a partir de las intervenciones realizadas por los bomberos.

bardeaba el centro de la ciudad. Se combinaban así los ataques que requerían cierto grado de precisión y que podrían considerarse de apoyo a las acciones militares en tierra con ataques no necesariamente tan precisos, cuyo objetivo último era sembrar el terror y la desmoralización entre la población para inducir la rendición de los defensores[32].

Desde el comienzo del asalto, y durante cuatro semanas, hasta la primera semana de diciembre, artillería y aviación se coordinaron para bombardear a la población de forma casi ininterrumpida. Solo las adversas condiciones meteorológicas de la última semana de noviembre impusieron una tregua de los bombardeos aéreos. Fracasado el primer intento de tomar la capital por las armas, los últimos bombardeos aéreos se produjeron, ya de forma esporádica, entre enero y abril de 1937. La aviación sería entonces destinada a otros frentes (Guadalajara, Euskadi, etc.), pero la artillería permaneció bombardeando la ciudad casi a diario, con algunos ataques especialmente intensos, hasta febrero de 1939, poco antes de la rendición a raíz del golpe interno encabezado por el coronel Casado.

Las últimas intervenciones registradas de los bomberos ocasionadas por impactos de obús se anotaron el sábado 18 de febrero de 1939: a las 13:10 horas en la calle de la Cava Alta 21; a las 14:35 en la calle de la Peña de Francia 2; a las 15:15 en la calle de Goya 52, y a las 15:25 en la calle de Hortaleza 28.

---

[32] «Además de los constantes ataques a las posiciones militares republicanas, se pretendió aterrorizar a la población madrileña para crear una desmoralización general que llevara a abandonar la defensa de Madrid. Una parte de los bombardeos aéreos, especialmente los nocturnos, estuvo dirigida contra la población civil» (De Vicente, 2014a, 499).

Esta investigación ha permitido reconstruir en detalle muchos de los sucesos que ocurrieron en estos aproximadamente dos años y medio de asedio, relacionando fechas e, incluso, hora de los ataques con las zonas y los edificios afectados. En algunos casos, la fecha documentada de los ataques a determinados edificios ha permitido deducir la de otros adyacentes o muy próximos, considerando que se trata del mismo bombardeo, lo cual es una suposición razonable, sobre todo cuando se trata de acciones aéreas.

Según delatan los registros de bomberos y de policía municipal, especialmente intensos fueron los bombardeos aéreos de los días 8, 9, 10, 13, 14, 16, 17, 18, 19 y 20 de noviembre de 1936; 2, 4 y 6 de diciembre, y 8 de enero de 1937. Asimismo, los bombardeos artilleros de los días 9, 17, 22 y 23 de noviembre de 1936, 4 de enero y 23 de abril de 1937. A partir de entonces se reduce la frecuencia de los grandes bombardeos. No obstante, De Vicente (2014a) destaca también como intensos los de los días 27 de abril, 7 de junio, 11 y 14 de octubre y 24 de noviembre de 1937; 3 de abril, 3 de mayo, 20 de julio, 16 y 17 de agosto, 13 y 14 de octubre y 24 de diciembre de 1938.

A continuación, proponemos una crónica gráfica, intercalando fragmentos de testimonios, fotografía y cartografía. Se trata de narrar una selección de los días en los que se llevaron a cabo bombardeos especialmente significativos. La intención de este pequeño relato no es la descripción detallada y exhaustiva de lo sucedido en cada uno de esos días, algo que excedería la extensión de esta publicación. Se trata más bien de dar cierta idea de la secuencia de los acontecimientos y un mínimo acercamiento al drama humano vivido en las calles de Madrid en algunas de sus jornadas más funestas.

Domingo, 8 de noviembre de 1936

Iniciado el asalto a la ciudad por tierra y aire el día 7, al día siguiente se produce un incremento en la escalada de bombardeos: se emplean bombas incendiarias y proyectiles de gran potencia, capaces de demoler edificios enteros.

Desde las 15:00, los ataques alternados de la artillería y la aviación se extienden por los distritos de Centro y Arganzuela.

Lunes, 9 de noviembre de 1936

Los proyectiles de artillería cayeron por casi todo el centro de la ciudad, desde el Palacio Real y la plaza de Ruiz Jiménez hasta las calles de Recoletos y Serrano. La aviación se cebó a lo largo de la cornisa del Manzanares.

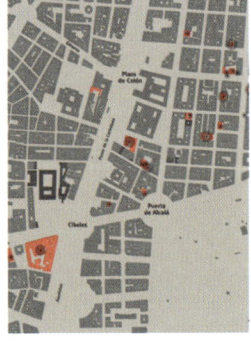

Viernes, 13 de noviembre de 1936

Este día la aviación golpeó el barrio de Argüelles, la estación del Norte y el Asilo de Lavanderas. A su vez la actividad de la artillería fue intensa sobre toda la cornisa del Manzanares, el centro y el sector de Delicias.

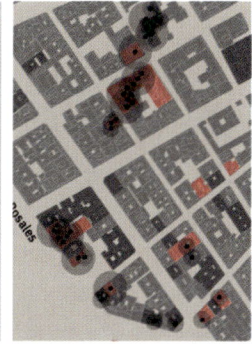

Sábado, 14 de noviembre de 1936

Los partes del Estado Mayor Republicano: «Sobre Madrid solo ha volado la aviación enemiga. A las nueve de la mañana bombardeó el trayecto entre Puerta de Atocha y Puente de Segovia. Una de las bombas caídas en las inmediaciones del puente hizo que explotara...

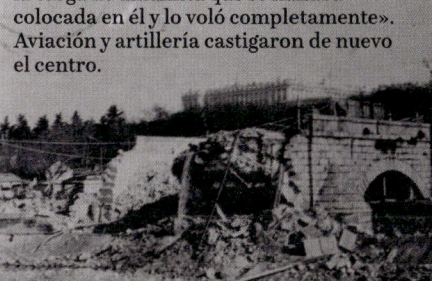

la carga de dinamita que se hallaba colocada en él y lo voló completamente». Aviación y artillería castigaron de nuevo el centro.

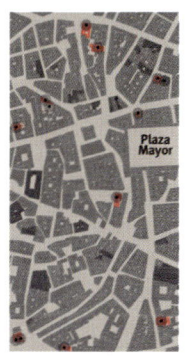

En Atocha cayeron nueve bombas y hubo 50 muertos y numerosos heridos. Koltsov relata: «Dos enormes columnas de mármol se han deshecho como si fueran de azúcar al lado del ministerio... una bomba ha abierto un embudo muy hondo, por el que se ven los raíles del metro».

Lunes, 16 de noviembre de 1936

Por la mañana bombas de gran potencia reducen a escombros cuatro edificios en la calle Leganitos y el edificio núm. 11 de Marqués de Santa Ana, donde fueron necesarios hasta doce días para rescatar 57 cadáveres.

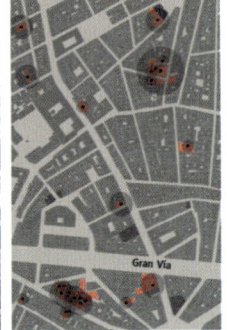

Los bombardeos nocturnos suben la escala de destrucción y terror. Oleadas de JU-52 alemanes iluminan con bengalas y arrojan su carga sobre el barrio de las Letras.

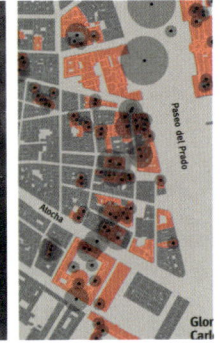

Afectaron el hospital Provincial y el de San Carlos, el Prado, la Biblioteca Nacional, San Jerónimo, las Trinitarias Descalzas... El Palacio de Liria fue consumido por las llamas.

Martes, 17 de noviembre de 1936

A primera hora se bombardeó intensamente la zona de la plaza de Moncloa. Una de las bombas abrió un enorme cráter en la esquina de las calles Hilarión Eslava y Rodríguez San Pedro. La siguiente destrozó la esquina de la Casa de las Flores.

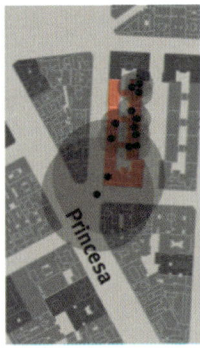

Cartografía de la destrucción

Luego, los ataques se extendieron al barrio de Universidad.

Las bombas incendiarias convirtieron la plaza del Carmen en un gran horno...

Delaprée relata: «Entre las 20:00 y las 21:30, el bombardeo es continuo. Gran Vía, San Bernardo y Argüelles tiemblan bajo las atronadoras explosiones. Una tormenta luminiscente cubre los tejados. Multitudes de mujeres y niños huyen por todas partes. La Puerta del Sol está ardiendo, el mercado del Carmen está ardiendo, el distrito de la Corredera está ardiendo... El primer día de bombardeo de alfombra ha convertido Madrid en un cementerio en ruinas».

Miércoles, 18 de noviembre de 1936

Una avería en la centralita del Cuerpo de Bomberos impide dar nuevos avisos de siniestros. Las dotaciones tienen ya bastante trabajo con los incendios que permanecen activos desde hace dos días. La policía municipal, en cambio, comunica numerosos siniestros...

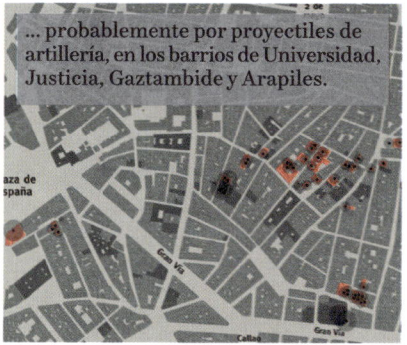

... probablemente por proyectiles de artillería, en los barrios de Universidad, Justicia, Gaztambide y Arapiles.

Bombas incendiarias calcinando las cubiertas y los pisos altos de los edificios entre las calles Desengaño, Barco y Muñoz Torrero.

Jueves, de 19 noviembre de 1936

El día 19 fue el punto álgido de los bombardeos aéreos sobre el centro de la ciudad. Las aeronaves descargaron numerosos racimos de bombas: en el entorno de la antigua catedral de San Isidro; en el entorno de la Puerta del Sol, y, sobre todo, en una amplia zona alrededor del Teatro Real.

Viernes, 20 de noviembre de 1936

Cuenta Elisa Cuarental (1992) que este día «cayeron bombas de gran potencia; bastó solo una de ellas para echar abajo la iglesia de San Sebastián... El templo entero se vino abajo...

... Las casas donde está hoy el Monte de Piedad y el antiguo Ministerio de Hacienda eran un amasijo de vigas de hierro retorcidas como si se tratara de horquillas de moño».

Miércoles, 2 de diciembre de 1936

Después de diez días de relativa calma gracias a la niebla y al mal tiempo que dificultaban los bombardeos, Delaprée escribe: «Buen tiempo..., cielo azul..., masacre... Acabo de ver tres casas vaciadas de contenido, como si sus paredes hubieran sido raspadas con piedra pómez...

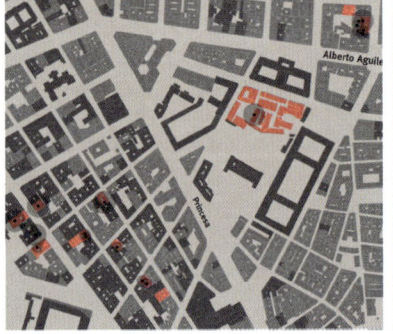

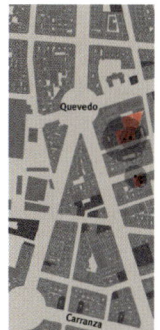

... Amontonados en la misma esquina por una casualidad de la explosión hay cuerpos, y más cuerpos aún. Sin duda, tres de ellos mujeres y cinco niños. En cuanto al resto, es imposible de decir. Calle de Gonzalo de Córdoba bajo el sol. Indescriptible».

Domingo, 6 de diciembre de 1936

Un boletín del Ministerio de la Guerra señala que «la aviación enemiga se presentó nuevamente a las 14 horas, en número de treinta aparatos de bombardeo y otros de caza. Bombardeó intensamente nuestras líneas y casco de la población, produciendo bajas en la población civil y militar».

La manzana entre Buen Suceso, Martín de los Heros y Marqués de Urquijo quedó reducida a escombros.

Lunes, 4 de enero de 1937

El último gran bombardeo aéreo deja un reguero de edificios destruidos, que comienza en la actual plaza de Pedro Zerolo y se extiende hacia el noreste hasta el desaparecido palacio de Santa Elena.

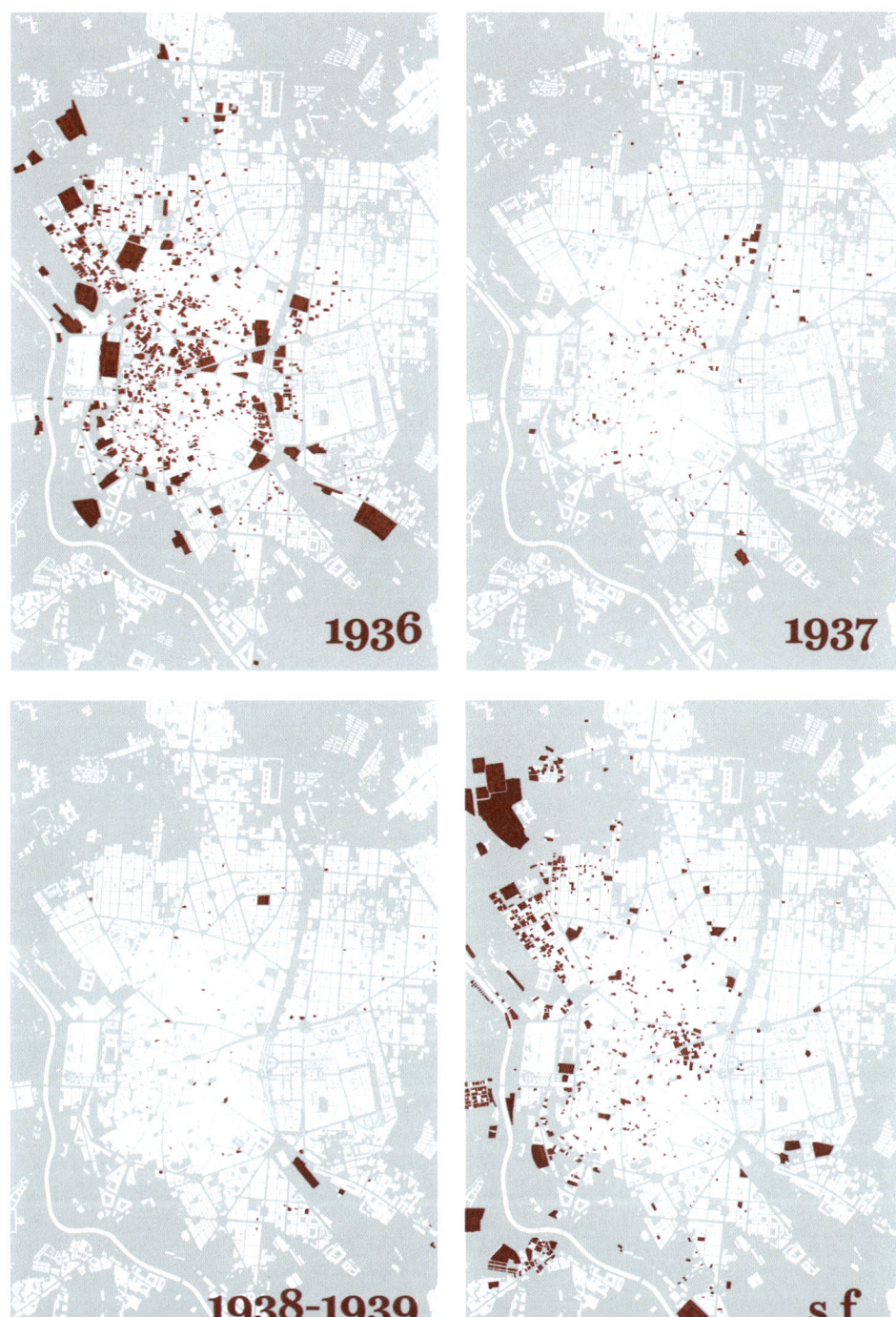

LAS CICATRICES DE UN URBICIDIO[33]

A pesar de haber sido sistemáticamente bombardeada en casi toda su extensión, ochenta años después de aquellos trágicos acontecimientos, apenas existe conocimiento ni conciencia de las consecuencias de los bombardeos sobre Madrid y su arquitectura. Sin embargo, a diferencia de otras ciudades europeas,

---

[33] El término «urbicidio» no figura en el diccionario de la RAE. Fue acuñado en 1963 por el escritor Michael Moorcock, en su novela *Elric: Dead God's Homecoming*, y empleado durante las décadas de 1960 y 1970 en referencia a la destrucción de determinadas áreas urbanas como resultado de las reestructuraciones urbanas en ciudades estadounidenses (Coward, 2009). Posteriormente, a raíz de los bombardeos de ciudades como Sarajevo o Mostar durante la guerra de Yugoslavia, fue empleado por Ribarevic-Nikolic y Juric (1992), reivindicándolo como expresión de una categoría específica bajo la que habría que considerar el fenómeno de la destrucción del entorno construido. Más recientemente, Coward (2009) propone como definición de urbicidio la deliberada destrucción de edificios, entendidos como condición que posibilita una cualidad existencial urbana específica: la heterogeneidad. Recientemente, con motivo de la destrucción de ciudades como Homs o Alepo, en la guerra de Siria, el término ha vuelto a cobrar relevancia. Aunque cuantitativamente la destrucción sufrida por Madrid durante la Guerra Civil española no es comparable a la de las ciudades referidas, es el hecho de considerar la destrucción por medios militares de la población como un objetivo en sí mismo lo que justifica la utilización del término en el presente estudio. Máxime considerando declaraciones como las del general Franco a los corresponsales extranjeros, que publicaba *The Times* el 12 de noviembre de 1936, durante los bombardeos de la ciudad: «Destruiré Madrid antes que dejárselo a los marxistas» (Solé y Villarroya, 2003, pág. 47), o telegramas como el de la embajada francesa en Madrid del 19 de noviembre de 1936: «El bombardeo de la capital ha continuado sin parar durante 24 horas, lo que sugiere que los rebeldes quieren destruir Madrid» (Minchom, 2015, 111, traducción de los autores).

tristemente célebres durante la II Guerra Mundial, Madrid no ofrece, salvo zonas concretas, una imagen de ciudad devastada. Parece haberse hecho realidad la premonición de Zúñiga en la cita que abre este texto. Aparentemente no se ven por las calles las consecuencias de la destrucción. A esto se refieren Gallego y Solé (2018) cuando señalan, para el caso de Barcelona, cómo «paradójicamente, las marcas de los bombardeos en los edificios son a la vez restos invisibles y cotidianos» y hablan de «Arqueología de los bombardeos» y de «la creación de un vínculo perceptivo con el pasado y para la gestión de las memorias colectivas traumáticas» (Gallego y Solé, 2018, 9-10). Ya antes, González Ruibal (2008, 14) indicaba que «los muros acribillados de sus facultades nos permiten descubrir que el escenario cotidiano en el que discurren nuestras vidas esconde una historia siniestra, épica, salvaje, inconcebible». Parece razonable que nos planteemos hasta qué punto persisten hoy día las huellas o, más bien, las cicatrices[34] del urbicidio; intentar responder a preguntas tales como ¿en cuántos de los edificios afectados por los bombardeos quedan huellas visibles de los daños provocados?, ¿qué soluciones y qué postura se adoptaron al finalizar la contienda respecto de las heridas sufridas por el patrimonio construido madrileño? o ¿en qué medida la destrucción provocada ha condicionado la imagen de la ciudad actual?

La identificación de las cicatrices de los bombardeos parte del conocimiento de la destrucción provocada. Una vez conocidos los edificios afectados, se

---

[34] Cicatriz: 1. Señal que queda en los tejidos orgánicos después de curada una herida o llaga. 2. Impresión que queda en el ánimo por algún sentimiento pasado (Diccionario de la Real Academia Española).

ha llevado a cabo un análisis comparativo entre la documentación gráfica del estado previo de la ciudad y el estado actual de los edificios. Para ello se ha contrastado el fotoplano de 1927[35], la documentación elaborada durante la contienda por el CRRSM, los fotogramas del vuelo de 1941, los planos parcelarios elaborados en los primeros años de posguerra, conocidos como «Catastrones», y, finalmente, su fecha de construcción[36].

La primera conclusión que podemos sacar de este análisis comparativo es que la mayoría de los inmuebles afectados fue posteriormente reparada ocultando, al menos a primera vista, las huellas de la guerra. Gran parte de los edificios afectados sufrió daños muy localizados, debidos a impactos de proyectiles de artillería o a bombas incendiarias, cuyos efectos se han descrito anteriormente.

Sin embargo, podemos encontrar también casos singulares de edificios gravemente dañados que, por su valor, fueron reconstruidos miméticamente, sin que puedan apreciarse fácilmente los efectos de los ataques. Son los casos de la fachada occidental del Palacio Real [52], muy afectada por el intercambio de disparos entre las baterías de artillería de ambos bandos, ubicadas unas en la Casa de Campo y las otras en los jardines del Campo del Moro; el palacio de Liria, que ardió casi por completo en los bombardeos nocturnos del 16 de noviembre, de modo que, después de los trabajos de desescombro, apenas quedaron

---

[35] Fotografía aérea realizada para el concurso internacional de reforma y extensión de la ciudad promovido por el Ayuntamiento en 1929.

[36] Para esto hemos considerado la facilitada por la Sede Electrónica del Catastro, a falta de otra fuente de información más precisa.

Estado en que quedó la fachada occidental del Palacio Real por los impactos de los proyectiles de artillería. Fotografía de Walter Reuter, Biblioteca Nacional de España.

más que los muros de fachada, por lo que el interior del edificio hubo de ser enteramente reconstruido; las fachadas occidental y meridional del edificio de la Compañía Telefónica, de Ignacio de Cárdenas, que recibieron hasta 120 impactos de obús, o la esquina de la Casa de las Flores, de Secundino Zuazo [53].

Por otro lado, también hay casos de edificios que resultaron considerablemente dañados y que fueron reparados sin que podamos apreciar en ellos las consecuencias que atestiguan algunos documentos [54]. Cabe pensar que en las décadas posteriores a la guerra, años de gran escasez material, la opción preferente ante la posible ruina de un inmueble fuese la de la recuperación de todo aquello que fuera posible conservar, contemplando la demolición como último recurso cuando ya no quedara otra alternativa.

Por otro lado, en casi una tercera parte de los edificios que resultaron afectados sí se han podido iden-

[53] La Casa de las Flores, de Zuazo, en la esquina de Hilarión Eslava con Rodríguez San Pedro.
Fotografía de Prensa Gráfica S. A., Biblioteca Nacional de España, Madrid.

[54] La mayor parte de los edificios afectados por los bombardeos, como este de la calle de Segovia 16, fueron reparados sin que hoy se puedan apreciar huellas de los daños sufridos.
Biblioteca Nacional de España, Madrid, y elaboración propia.

tificar alteraciones atribuibles a la destrucción provocada por los bombardeos. El análisis de estas alteraciones se ha llevado a cabo en función de la mayor
o menor repercusión que han tenido en el paisaje
urbano actual.

Vacíos urbanos [55]: la alteración más radical que
podemos encontrar en el tejido urbano madrileño actual como consecuencia de los bombardeos de la Guerra Civil son los vacíos, las ausencias, aquellos espacios
libres en el lugar que ocupaban antiguas edificaciones
que resultaron destruidas prácticamente en su totalidad. De este tipo de alteración urbana solo se han localizado 43 casos, muchos de los cuales han generado espacios urbanos poco representativos, como en el cruce
de las calles de la Abada y de Mesonero Romanos.

Algunos de estos vacíos se han destinado a zonas
verdes, como el lateral oriental de la cuesta de los
Ciegos o el enorme espacio del Cuartel de la Montaña, cuyo solar ocupa hoy el parque de la Montaña
de Príncipe Pío. Otros han servido para ampliar los

[55] El actual jardín de las
Vistillas ocupa el espacio
de los edificios en torno
a la cuesta de los Ciegos
que resultaron destruidos
por los bombardeos
aéreos. La fotografía
de la derecha es de Torre,
Biblioteca Nacional
de España, Madrid.

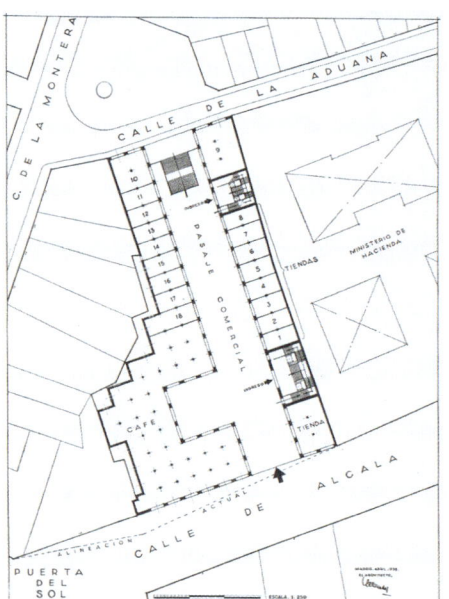

[56] El pasaje de la Caja de Ahorros ocupa el vacío dejado por el tejido urbano destruido por los bombardeos entre las calles de Alcalá y de la Aduana. Fotografías aéreas de 1927, 1941 y del estado actual (arriba). Geoportal del Ayuntamiento de Madrid. Proyecto de galería comercial propuesto para el mismo solar por el Comité de Reforma, Reconstrucción y Saneamiento de Madrid (1938).

contornos de algunas plazas, como la del Carmen o la glorieta del Marqués de Vadillo. Otros más han dado lugar a nuevas plazas en zonas con tejido urbano bastante denso, como la escondida plaza de Argüelles o la plazuela en el núm. 12 de la calle de Segovia.

Probablemente el vacío más singular lo constituye el caso del pasaje de la Caja de Ahorros, una nueva vía pública abierta después de la guerra en el lugar que dejaba el tejido residencial destruido entre las calles de Alcalá y de la Aduana. Se trata de una vía pública que pasa hoy desapercibida, pues, a pesar de su proximidad con la céntrica Puerta del Sol, tiene un carácter residual. Los arquitectos del CRRSM ya planteaban para este espacio una propuesta de galería comercial en 1938 [56].

Sustituciones: nos referimos con este término a la alteración del paisaje urbano por la construcción de nuevos edificios en el lugar de aquellos cuyo grado de destrucción imposibilitaba su recuperación. Por tanto, es una operación que no modifica la trama urbana, como en el caso de los vacíos, ya que la nueva edificación mantiene las antiguas alineaciones de la vía pública. No obstante, sí alteran la imagen de la ciudad, ya que los nuevos edificios suelen contrastar con el tejido urbano previo en el que se insertan. Es singular el caso del antiguo palacio del marqués de la Torrecilla, en el actual núm. 5 de la calle de Alcalá, obra de Pedro de Ribera, cuya sustitución ha respetado la antigua portada, un valioso elemento original [57].

En el núcleo urbano, es decir, sin considerar las barriadas al sur del río, se han identificado poco más de quinientas sustituciones de edificios, lo que supone aproximadamente una cuarta parte del total de edificios afectados documentados. Las localizaciones de edificios sustituidos se concentran en las zonas de

bombardeos aéreos más intensos, los cuales provocaban un mayor grado de destrucción.

Solo por mencionar unos pocos ejemplos de edificios desaparecidos y sustituidos por otros, alterando en gran medida la percepción del lugar, podemos citar la Cárcel Modelo, en la plaza de la Moncloa, sustituida por el actual Ministerio del Aire; el Teatro Cervantes, en la Corredera Baja de San Pablo 39 [58]; el colegio de San Ignacio, en la costanilla de los Ángeles 5; el teatro y cine Ideal Rosales, en la calle del Buen Suceso 25; o el palacio de los duques de Frías en la cuesta de Santo Domingo 9. Todos ellos sustituidos por edificios de viviendas.

No obstante estos ejemplos, citados por tratarse de edificación pública con cierto carácter monumental, la mayor parte de los edificios antiguos desaparecidos eran de viviendas. Caso paradigmático es el barrio de Argüelles, donde la mayor parte del teji-

[58] El bombardeo del 22 de noviembre de 1936 destruyó todo el interior del Teatro Cervantes, en la Corredera Baja de San Pablo 39. Después de la guerra se construyó el edificio que hoy ocupa su lugar. Fotografía Antifatot, Biblioteca Nacional de España, Madrid, y elaboración propia.

do urbano hubo de ser sustituido después de la guerra, modificando radicalmente la imagen de la ciudad previa. Lo mismo ocurrió en las entonces barriadas del paseo de Extremadura, puente de Toledo y Usera, verdaderos escenarios de batalla casa por casa.

También es preciso señalar que cierta cantidad de edificios afectados fueron sustituidos varias décadas después de finalizada la guerra, pero su sustitución no es atribuible a los daños provocados por los bombardeos. Se trata de edificios que fueron reparados al finalizar la guerra y que, durante años, siguieron siendo utilizados hasta su sustitución, debida a otras causas. En estos casos no ha sido posible comprobar si esos edificios conservaron, durante el tiempo que siguieron en pie, algún tipo de huella visible de los daños que habían sufrido.

Transformaciones arquitectónicas: consideramos alteraciones arquitectónicas aquellas identificables de la morfología de edificios que, después de la guerra, se conservaron y fueron reparados, pero sin llegar a recuperar su aspecto original. En los años de penuria y escasez de la posguerra, muchas de las intervenciones realizadas hubieron de prescindir de recuperar el estado original de los edificios dañados y limitarse a dar respuesta a las necesidades constructivas y funcionales más básicas. La consecuencia de estas intervenciones fue, generalmente, la eliminación de elementos arquitectónicos como cuerpos de edificación, voladizos, miradores u ornamentación. Ha sido posible identificar muy pocos de estos casos, ya que para ello ha sido preciso contar con alguna imagen que diera cuenta del estado de los edificios dañados previo a los ataques, lo cual no suele suceder, salvo que se trate de edificios singulares por su monumentalidad.

Podemos citar como ejemplos el instituto de San Isidro y la iglesia de San Sebastián, que representan dos casos extremos de transformación arquitectónica.

El instituto de San Isidro [59] fue dañado por los obuses de la artillería. La reparación de una de las ventanas junto a la portada de acceso principal prescindió de recuperar el aspecto original de las molduras de los recercados, eliminándolas también en los huecos que no resultaron afectados.

La iglesia de San Sebastián resultó prácticamente demolida por la explosión de una bomba de gran potencia en uno de los bombardeos de aviación del 20 de noviembre de 1936 [60]. Solo quedaron en pie la capilla mayor, la capilla de arquitectos, la de cómicos y la torre. La Oficina de Urbanismo Municipal propuso la demolición de las dos últimas para la apertura de una nueva vía que sustituyese a la estrecha calle de

[59] Daños provocados por los proyectiles de artillería en la fachada principal del instituto de San Isidro, fotografía Antifatot (izquierda) y estado actual tras la reparación (derecha). Biblioteca Nacional de España, Madrid, y elaboración propia.

[60] Estado de la iglesia de San Sebastián después del bombardeo del 20 de noviembre de 1936. Fotografía de Walter Reuter y estado actual.

San Sebastián. La Oficina de Estudios Técnicos del CRRSM, tomando el testigo del Ayuntamiento, planteó otra propuesta en la que se respetaban todos estos elementos, que se consideraron valiosos. Finalmente, diez años después, Regiones Devastadas llevó a cabo la reconstrucción del templo prescindiendo de la antigua torre y modificando la configuración general del edificio.

Vestigios [61-63]: nos referimos con este término a daños superficiales o reparaciones identificables todavía hoy a simple vista. Dados la extensión de los bombardeos y los efectos secundarios de las explosiones, pocos edificios, comparativamente hablando, debieron de quedar indemnes en la ciudad. Por cada inmueble directamente afectado por un proyectil o por cada explosivo caído sobre la vía pública, cabe suponer que otros muchos próximos experimentaran el efecto de la metralla o de la onda expansiva. La naturaleza superficial de estos daños ha facilitado su reparación y en los casos en los que aún permanecen visibles es necesaria una mirada atenta para identificarlos, pues, de otro modo, suelen pasar desapercibidos. En una ciudad como Madrid, en la que el característico revestimiento de revoco de las fachadas es una de las soluciones constructivas más extendida, la huella de la metralla de las explosiones suele revelarse únicamente en los tradicionales zócalos de granito o en las fachadas de sillerías de algunos edificios representativos. Estas huellas podemos encontrarlas en algunos edificios de las zonas del centro de la ciudad más castigadas por la aviación. Tenemos ejemplos a lo largo de la calle Mayor, en la calle de la Alameda, en la verja del Jardín Botánico, en el monumento a Alfonso XII del Retiro, en la Costanilla de los Ángeles, en calle de la Princesa, Martín de los Heros, Tutor, etc.

Por otro lado, el análisis de algunos paramentos de ladrillo visto que acusan cambios de tonalidad delata reparaciones posteriores de daños también provocados por bombardeos. Es el caso del Palacio de la

[61] Cicatrices de metralla de las bombas en los edificios de Madrid. De izquierda a derecha costanilla de los Ángeles 13 (19/11/36); calle de Moratín 52 (16/11/36) y calle Mayor 72.

[62] Cicatrices de la reparación de paramentos de ladrillo en el edificio núm. 22 de la calle de Trafalgar. De izquierda a derecha: estado de la esquina del edificio después de un bombardeo, secuencia de la demolición parcial controlada de la esquina tomada por Teodoro de Anasagasti y estado actual, donde se puede apreciar el cambio de tonalidad del ladrillo, especialmente en las jambas y dintel de los balcones próximos a la esquina. Fotografías de Teodoro de Anasagasti para el CRRSM, http://laplaza deolavidc.blogspot.com/2011/04/bombardeos-sobre-la-plaza-de-olavide-en.html y elaboración propia.

Prensa o de una de las esquinas de la calle de Trafalgar con la plaza de Olavide.

A partir de este proceso de identificación y análisis de las huellas de los bombardeos todavía hoy existentes en Madrid, proponemos un plano de cicatrices urbanas [64] que trate de dar respuesta a las cuestiones planteadas al comienzo de este último apartado.

Existe, como es lógico, una pauta que se corresponde con la de los bombardeos documentados en mapeos previos y con el grado de destrucción, asociado a los distintos tipos de armas empleadas. Esta cartografía de las cicatrices permite comprobar en qué zonas los esfuerzos de las reconstrucciones de la posguerra se concentraron en la reparación de la imagen previa de la ciudad y en cuáles en su sustitución por otra nueva. La primera de las alternativas es la habitual tanto en aquellos inmuebles con daños muy localizados como en edificios especialmente representativos, como el conjunto de la Gran Vía, aunque resultara muy afectada por los impactos de artillería.

Los vacíos urbanos y la sustitución de edificios, en cambio, son la respuesta generalizada en las zonas que sufrieron con más severidad los bombardeos

[63] Cicatrices de metralla de las bombas en los edificios de Madrid. De izquierda a derecha: calle Mayor 6; calle del Doctor Severo Ochoa, Facultad de Medicina de la Universidad Complutense de Madrid, y calle de la Princesa 38.

aéreos, habitualmente más destructivos: de forma más extensiva los barrios de Argüelles y Gaztambide, la Ciudad Universitaria, la cornisa del Manzanares, el paseo de Extremadura, puente de Toledo y Usera, y de forma más puntual los entornos del paseo del Prado, Puerta del Sol, plazas de Isabel II y de España, costanilla de los Ángeles y las calles de Segovia, Toledo, Fray Ceferino González, Leganitos, Andrés Borrego, Pizarro, Madera, Corredera Baja de San Pablo, Desengaño o San Bartolomé, por mencionar solo algunas de ellas. Estas operaciones de renovación del antiguo caserío, en los casos más extremos como el barrio de Argüelles, el entorno de la plaza de la Moncloa y las barriadas al sur del río Manzanares, han dado lugar a un paisaje urbano completamente nuevo. Una ciudad nueva que sustituía a la existente hasta 1936, manteniendo casi siempre la estructura viaria previa. En el resto de la ciudad la sustitución de edificios se llevó a cabo de forma puntual, aunque concentrándose también en determinadas áreas relacionadas con los bombardeos aéreos. Estas sustituciones puntuales no dan lugar, naturalmente, a una renovación completa de la imagen urbana, pero sí a alteraciones habitualmente disruptivas en el paisaje urbano histórico donde se insertan.

En cualquier caso, en ausencia de información, no está al alcance del transeúnte distinguir qué vacíos o qué presencias son resultado de la destrucción de la guerra y cuáles lo son por operaciones inmobiliarias no relacionadas con los bombardeos. Se trata de huellas que no están relacionadas en el imaginario colectivo con su traumático origen.

La pauta de los vestigios es, si cabe, menos reconocible por su escasa presencia. Los daños en edificios conservados han sido generalmente reparados o han quedado ocultos bajo revestimientos de fachadas, y

[64] Mapeo de las cicatrices de la guerra en Madrid, según la tipología planteada.

los que permanecen suelen pasar desapercibidos, por lo que no se puede descartar que muchos de ellos se localicen después de un estudio exhaustivo casa por casa.

Podemos concluir que, aunque escasas en relación con la extensión e intensidad de los bombardeos, las cicatrices urbanas son abundantes en Madrid. Sin embargo, la falta de información y acciones orientadas a promover la interpretación de las huellas de la guerra en la ciudad y en su arquitectura impiden que habitantes y visitantes las puedan identificar e interpretar en relación con el pasado de Madrid como ciudad bombardeada.

Bibliografía

Albertí, S., y Albertí, E., *Perill de bombardeig! Barcelona sota les bombes (1936-1939)*, 2ª edición, Barcelona, Albertí Editor, 2004.

Andrés, M., *Arquitectura perdida. Madrid (1931-1939)*, Madrid, Editorial Y, 2017.

Arañó, L., y Capdevila, M., *Topografia de la destrucció. Els bombardeigs de Barcelona durant la Guerra Civil (1936-1939)*, Barcelona, Ajuntament de Barcelona, 2018.

Barea, A., *La forja de un rebelde,* Madrid, Cátedra, 2019.

Barea-Kulcsar, I., *Telefónica, 1939*, Gijón, Hoja de Lata Editorial, 2019.

Blasco, C., y Goitia, A., «Viaje al infierno madrileño: los desastres de la guerra», en *Actas del XV Congreso Internacional de Expresión Gráfica Arquitectónica,* Las Palmas de Gran Canaria, ULPGC, 2014, págs. 135-143.

Bustamante, R., *La conservación del Patrimonio Cultural Inmueble durante conflictos armados internos: La Guerra Civil Española 1936-1939,* tesis doctoral, Madrid, Universidad Politécnica, 1996.

Chueca, F., *Retazos de una vida. Recuerdos de la guerra,* Madrid, CIE Dossat 2000, 1996.

Clavet, H., *Madrid en sangre (10 meses de horror),* Buenos Aires, Routledge, 1937.

COMITÉ DE REFORMA, RECONSTRUCCIÓN Y SANEAMIENTO DE MADRID, *Memoria. Madrid 1937-1938,* Madrid, Ayuntamiento de Madrid, 1938.

COWARD, M., *Urbicide. The politics of urban destruction,* Oxon, Gran Bretaña, Clot, 2009.

CUARENTAL, E., *El nido de la Paloma,* Madrid, Ediciones El Museo Universal, 1992.

DE LAS HERAS, B., «Fotógrafos de guerra: la cobertura fotográfica de la Guerra Civil Española en Madrid (1936-1939)», *Discursos fotográficos,* 5 (6), 2009, págs. 131-160.

— «Retratando el Madrid de la Guerra Civil. Santos Yubero en el Archivo Regional de la Comunidad de Madrid», *Revista General de Información y Documentación,* 24 (2), 2014.

— *Fotografiar una ciudad sitiada. Madrid, 1936-1939,* Madrid, Instituto de Cultura y Tecnología, Universidad Carlos III de Madrid, 2015.

DE VICENTE GONZÁLEZ, M., *Historia militar de la Guerra Civil en Madrid. Los bombardeos y sus consecuencias,* tomo III, Madrid, Ministerio de Defensa, 2014a.

— *Fuentes primarias, documentales y gráficas para una historia militar de Madrid durante la Guerra Civil 1936-1939,* Madrid, Ministerio de Defensa, 2014b.

DÉLANO, L. E., *Cuatro meses de guerra civil en Madrid,* Santiago de Chile, Panorama, 1937.

DOCHERTY, H., «Second world war in Google Street View», *The Guardian,* 20 de mayo de 2014; recuperado de www.theguardian.com/cities/gallery/2014/may/20/second-world-war-google-street-view-nazis-paris-london-blitz.

DOCHERTY, H., «First world war in Google Street View», *The Guardian,* 16 de octubre de 2014; recuperado de https://www.theguardian.com/cities/gallery/2014/oct/16/first-world-war-google-street-viewv.

— *Il dominio dell'aria,* Roma, L'Amministrazione Della Guerra, 1921.

FABER, S., *Memory Battles of the Spanish Civil War: History, Fiction, Photography,* Nashville (TN), Vanderbilt University Press, 2018.

Fogo, J. C., «Madrid y los desastres de la guerra de 1936-39: retrato de la ciudad a través de la vanguardia literaria y arquitectónica de la época», en J. M. Prieto (coord.), *Poéticas urbanas. Representaciones de la ciudad en la literatura,* Monterrey, Universidad Autónoma de Nuevo León, 2012, págs. 331-380.

Gallego, L., y Solé, Q., «Edificios heridos. Propuesta para una arqueología de los bombardeos de la Guerra Civil Española (1936-1939)», *e-rph Revista Electrónica de Patrimonio Histórico,* 23, 2018.

González Ruibal, A., «Arqueología de la Guerra Civil Española», *Complutum,* vol. 19, núm. 2, 2008.

Grieg, N., *Spansk sommer,* Oslo, Gyldendal Norsk Forlag, 1937 (edición traducida de la editorial Arqueología de imágenes, 2017).

Kindelán, A., *Mis cuadernos de guerra,* Barcelona, Planeta, 1982.

Koltsov, M., *Diario de la guerra de España,* Barcelona, Planeta, 2009.

León, M. T., *Memoria de la melancolía,* Sevilla, Renacimiento, 2020.

Liddell, B. H., *Paris or the future of War,* Londres, Kegan Paul, Trench, Trubner and Company, 1925.

Lindqvist, S., *Historia de los bombardeos,* Madrid, Turner, 2002.

Minchom, M., «From Madrid to Guernica: Picasso, Louis Delaprée and the bombing of civilians, 1936-1937», *The Volunteer,* 2010; recuperado de http://www.alba-volun teer. org/ 2010/11/from-madrid-to-guernica-picasso-louis-delapree-and-the-bombing-of-civilians-1936-1937/.

— *Spain's Martyred Cities. From the Battle of Madrid to Picasso's Guernica,* Eastbourne, Sussex Academic Press, 2015.

Montoliú, P., *Madrid en la Guerra Civil. La Historia,* vol. I, Madrid, Sílex, 2000.

Moreno-Aurioles, J. M., *Madrid bajo las bombas. Un análisis sectorial* (trabajo fin de máster), Madrid, Universidad Complutense de Madrid, Madrid, 2016.

NAVASCUÉS, P., *El edificio de la Telefónica*, Madrid, Espasa Calpe, 1984.

NERUDA, P., *Confieso que he vivido: memorias,* Madrid, Planeta, 1977.

QUIRÓS, F., *et al., Madrid 1808. Guerra y territorio,* Madrid, Ayuntamiento de Madrid, 2008.

RIBAREVIC-NIKOLIC, I., y JURIC, Z., *Mostar '92: Urbicid, Mostar,* Bosnia y Herzegovina, Consejo Municipal de Defensa de Mostar, 1992.

REDONDO, J. M., *Cuando las sirenas no eran las nuestras,* Madrid, Libros.com, 2020.

SOLÉ, J. M., y VILLARROYA, J., *España en llamas, La Guerra Civil desde el aire,* Madrid, Temas de Hoy, 2003.

SONTAG, S., *Regarding The Pain of Others,* Nueva York, Farrar, Straus and Giroux, 2003.

URÍA, J. M., *Vallecas bombardeada. Imágenes y documentos de la Guerra Civil (1936-1939),* 2010; recuperado de http://vallecastodocultura.org/Zona%20Vallecas%20Bombardeada/index.html.

ZÚÑIGA, J. E., *Largo noviembre de Madrid,* Madrid, Cátedra, 2007.

Índice

Este libro se terminó de escribir a finales de 2020, un duro año para Madrid y para el mundo, que en una siniestra rima, sincronizó su calendario con el de aquel fatídico 1936.

Ha sido compuesto utilizando Schotis Text, una tipografía de Juanjo López inspirada en las palabras de Ramón Gómez de la Serna: «Madrid es improvisación y tenacidad...».